■ BARKERBOOKS

100 HÁBITOS PARA SER ALTAMENTE PRODUCTIVO: HAZ MENOS Y LOGRA MÁS

Derechos Reservados. © 2023, BRUNO ANDRADE GUEDES A ROCHA

Edición: Sharon Picazo | BARKER BOOKS®
Diseño de Portada: Jorge Fernández | BARKER BOOKS®
Diseño de Interiores: Jorge Fernández | BARKER BOOKS®

Primera edición. Publicado por BARKER BOOKS®

I.S.B.N. Paperback Color| 979-8-89204-286-4
I.S.B.N. Paperback Blanco y negro | 979-8-89204-287-1
I.S.B.N. eBook | 979-8-89204-285-7

Derechos de Autor - Número de control Library of Congress: 1-13163471612

Barker Publishing, LLC
500 Broadway 218, Santa Monica, CA 90401
https://barkerbooks.com
publishing@barkerbooks.com

Dedicado a Maria Cecilia y Priscylla

"El generoso prosperará, y el que
reanima a otros será reanimado"

PROVERBIOS 11:25 NTV

Con esta mentalidad, desde el inicio de cualquier actividad o proyecto, es común que ya seamos propensos a pensamientos que anticipan cansancio, dificultades y agotamiento. Esta mentalidad inicial puede tener un profundo impacto en nuestras acciones y en cómo realizamos las tareas necesarias para lograr nuestros objetivos.

Nos quedamos atascados con la idea de "MÁS" en la ecuación, sin darnos cuenta de que, al final, somos nosotros los que tendremos "MENOS" de lo imprescindible para seguir siendo productivos: energía, motivación y bienestar.

Movido por esta reflexión, comencé a promover un cambio de mentalidad tanto en mi enfoque personal como en el de mi equipo, introduciendo técnicas derivadas de la Programación Neurolingüística (PNL) para estimular una nueva forma de pensar, alejándose del pensamiento "tradicional", cuestionando por qué estamos tan obsesionados con la idea de hacer "MÁS con MENOS".

La propuesta que comencé a adoptar es precisamente la opuesta: hacer "MENOS con MÁS". Este enfoque implica enfocarse menos en la cantidad y volumen de trabajo, y más en las habilidades y estrategias aplicadas a las tareas. El objetivo es optimizar los recursos disponibles y evitar cualquier forma de desperdicio, principalmente de tiempo y energía.

Al priorizar esta nueva visión, buscamos una perspectiva más equilibrada y eficaz. Valoramos la calidad sobre la cantidad y dirigimos nuestra atención a la aplicación inteligente de recursos y habilidades. El cambio de mentalidad no solo fortalece nuestro desempeño, sino que también nos permite cosechar los frutos del trabajo bien hecho, manteniendo nuestra energía, motivación, salud mental y emocional; factores fundamentales para lograr resultados significativos y duraderos.

La idea ahora es centrarse en "MENOS" para lograr mejores resultados:

MENOS tiempo perdido;
MENOS gasto de energía;
MENOS distracciones;
MENOS desgaste emocional;
MENOS esfuerzo innecesario;
MENOS procrastinación;
MENOS malentendidos;

Y, al mismo tiempo, trabajando con el "MÁS" para una mayor eficiencia:

MÁS organización;
MÁS planificación;
MÁS conocimiento;
MÁS control;
MÁS características;
MÁS estrategia;
MÁS comunicación;
MÁS inteligencia;

El objetivo final es aumentar la entrega y la productividad a través de procesos más inteligentes, asegurando que todos los esfuerzos estén bien enfocados. Al programar el cerebro para adoptar este enfoque, podemos disminuir el agotamiento personal, el tiempo perdido y la energía desperdiciada porque conocemos nuestras habilidades y tenemos los recursos para realizar nuestras tareas eficientemente.

Empecé este libro con la idea de proponer cien consejos prácticos para aumentar la productividad, sin embargo, durante la redacción y, principalmente, con las interacciones que tuve con amigos, conocidos y personas a través de las redes sociales, me di cuenta de que, más que consejos, la propuesta, de hecho, son hábitos para ser más productivos.

Debido a que los consejos son sugerencias, podemos aplicarlos o no. En cuanto a los hábitos, estamos obligados a cambiar nuestro pensamiento, rutinas y actitudes; si de verdad queremos lograr nuestros objetivos, tendremos que practicar cada uno de ellos para que, con la repetición, los convirtamos en actitudes naturales.

Por ello, traigo cien hábitos y actividades objetivas para aumentar tu productividad con ejercicios que te facilitarán la incorporación de las propuestas en tu vida diaria y laboral. El libro se centrará en la acción, no en la teoría, y cada lector podrá evaluar la aplicación de cada hábito en su propia vida e identificar situaciones en las que pueden ser útiles. De esta manera, será posible cambiar de escenario, aumentar la productividad y, en consecuencia, la calidad de vida.

Considero que estas actitudes no solo ayudarán a los lectores a mejorar la productividad en sus actividades profesionales, sino que también pueden aplicarse en otros aspectos de la vida cotidiana. Al final del libro, espero que cada uno entienda que es posible hacer "MENOS y lograr MÁS", logrando las metas de manera más eficiente y aprovechando mejor los recursos disponibles. Con este enfoque, todos podrán lograr resultados más satisfactorios en sus carreras y obtener un mayor sentido de realización personal.

INSTRUCCIONES PRÁCTICAS

El libro está dividido en diez capítulos, cada uno con un tema relacionado y diez hábitos propuestos. Naturalmente, varias propuestas y situaciones citadas se complementan entre sí y podrá construir su comprensión y tener nuevas perspectivas a lo largo de la jornada. Sugiero establecer una rutina de lectura, ya sea en secuencia, un hábito diario, un capítulo semanal o, incluso al azar, sorteando una propuesta de hábito para leer, evaluar y aplicar.

Es importante revisar periódicamente los temas y acciones que recomiendo, es decir, no leer solo una vez. La repetición genera el hábito y la absorción del contenido, y la aplicación se hace más fácil. Además, situaciones vividas en el día a día traerán nuevas miradas y puntos de vista sobre prácticas que ya tenías.

Al final de cada hábito, recomiendo algunas acciones para practicar lo que se está presentando. La idea es que no sea solo un libro de teoría. Además, mientras lees, seguramente estarás repasando aspectos personales y profesionales relacionados con tus actitudes y rutinas. Por eso, en cada etapa, encontrarás un espacio para evaluar el grado de aplicación en tu vida de cada propuesta que trabajamos en esa sección, como el siguiente ejemplo:

1. Todo lo que pidas o te pidan, pídelo por escrito

En el ritmo intenso de la vida cotidiana, nos vemos abrumados por una infinidad de tareas por resolver, entregas por realizar y pedidos por hacer. La falta de una organización por escrito para nuestras solicitudes y responsabilidades representa un inmenso riesgo de fallas en la entrega o ejecución inadecuada.

Este escenario ocasiona pérdida de tiempo, trabajo redundante, confusiones y un desperdicio innecesario de energía. Con el objetivo de evitar problemas, es imprescindible adoptar el hábito de solicitar y recibir información y tareas por escrito, no como un acto burocrático, sino como una práctica esencial para establecer el orden y garantizar el cumplimiento adecuado de cada solicitud, registrando lo que se espera de manera apropiada.

Al registrar las demandas de manera efectiva, evitamos ambigüedades y establecemos claridad en las especificaciones de cada tarea. Además, al documentar las interacciones, creamos una pista confiable que permite consultar cuando sea necesario y ejecutar verificaciones futuras, manteniendo a todos los involucrados conscientes de sus responsabilidades.

La comunicación escrita, especialmente a través de medios electrónicos, en este caso el *e-mail* como representante principal, ofrece una base sólida para la comprensión entre las partes en el entorno laboral. Aunque las aplicaciones de mensajería instantánea pueden ser útiles, es importante tener cuidado, ya que la falta de orden, la separación por temas y la posibilidad de pérdida de contenido pueden generar ruidos y trabajo redundante en la comunicación.

Al mismo tiempo, el uso de la comunicación impresa en la actualidad se vuelve innecesario y a menudo contraproducente, puesto que tenemos que gestionar volúmenes de papel, almacenar y, sobre todo, consultar cuando sea necesario. Por lo tanto, priorizar el correo electrónico como herramienta de registro y formalización proporciona mayor organización, eficiencia y claridad en las interacciones profesionales.

La práctica de utilizar solicitudes por escrito, particularmente relevante en entornos corporativos donde la eficiencia es primordial, puede optimizar procesos y minimizar errores operativos. Al invertir en este hábito, es posible reducir problemas y mejorar la productividad, contribuyendo al éxito de las actividades. Por lo tanto, el llamado es a que siempre busquemos el camino de la organización y la asertividad al solicitar y recibir información, usando el registro escrito como respaldo para garantizar el resultado.

PRACTICA

1. Todo lo que pidas o te pidan, pídelo por escrito.

NADA   MUY POCO   POCO   MUCHO   MÁXIMO

MARCA EL ÍCONO DEL QUE PARTES PARA CONOCER TU PROGRESO

- Identifica situaciones en tu día a día en las que te piden cosas que nunca quedan registradas y solicita formalmente o formaliza tú mismo para ambas partes.
- Organiza cómo solicitas tareas para tu equipo, ya sea por correo electrónico o programa de gestión de tareas.
- Crea el hábito de registrar tus actividades durante el día. Realizar checklists de lo que se ha producido contribuye al mejoramiento de procesos y al desempeño personal.

2. Siempre aclara lo que se solicitó. ¿No entendiste? Repite

Comunicarse de forma clara y objetiva es esencial en cualquier contexto, ya sea en el ámbito profesional o personal. Cuando no comprendemos algo, especialmente en actividades que debemos llevar a cabo, es crucial expresar nuestra duda o dificultad en lugar de simplemente avergonzarnos, no admitir la falta de comprensión o suponer que con el tiempo entenderemos lo que se requiere. Al generar el hábito de solicitar aclaraciones, demostramos interés en comprender y ejecutar la tarea correctamente, y evitamos problemas futuros.

Además, repetir información importante es una estrategia poderosa para asegurarse de que el mensaje se internalice correctamente. Repetir lo que se ha dicho, utilizando nuestras propias palabras, permite que todos estén en la misma página y refuerza el contenido esencial de la comunicación, además de permitir la corrección temprana de cualquier error de interpretación del mensaje.

Esta práctica de repetición y búsqueda de claridad también es valiosa al recibir solicitudes o instrucciones. Al repetir lo que se ha solicitado, estamos verificando si comprendemos correctamente y si estamos en el camino correcto para cumplir con las expectativas. Este intercambio de información es fundamental para evitar malentendidos y asegurarnos de que el trabajo proceda según las especificaciones.

3. Alinea, sigue y gestiona actividades

Una vez comprendido lo que debe ser ejecutado por ti o tu equipo, es crucial establecer desde el momento de la solicitud, una serie de puntos de verificación a lo largo del desarrollo de las actividades. Este enfoque se adapta según la magnitud del proyecto en cuestión, con el objetivo de mantener el control y la calidad del proceso.

Al dar los primeros pasos, es indispensable comprender las etapas necesarias, la metodología que guiará la ejecución de la tarea, las herramientas de control y los recursos disponibles.

La comunicación con el solicitante debe ser constante, un diálogo fluido que acompañe cada fase, asegurando la coherencia con las expectativas y evitando revisiones no deseadas. Es fundamental que esta interacción sea conducida de manera estructurada: informes parciales, entregas escalonadas y reuniones de seguimiento son ejemplos y elementos clave en este proceso.

Aunque buscar orientación en cualquier momento puede parecer tentador, este enfoque puede obstruir el flujo de trabajo, dificultar la comunicación y la relación. En contrapartida, la conciencia de que existe un momento oportuno en el plan para resolver dudas o revisar resultados establece una dinámica más equilibrada y productiva para todas las partes involucradas.

Con el objetivo de optimizar la eficiencia del proyecto, es crucial implementar momentos estratégicos para *feedback* y validación de resultados. Esta práctica permite la identificación temprana de desviaciones y la oportunidad de realizar ajustes pertinentes.

Este enfoque debe ser considerado como una contribución positiva al progreso del trabajo. En primer lugar, reduciendo el desperdicio de recursos valiosos, como el tiempo y la energía y, en segundo lugar, evitando que se interprete como falta de confianza o exceso de control. Estos puntos de control constituyen solo una fase del proceso, una etapa necesaria para asegurar la adecuación de los resultados.

Desde el inicio, la comprensión detallada de los pasos y la interacción constante, pero planificada con el solicitante, establecen un estándar de comunicación que minimiza el retrabajo y fortalece la alineación de las entregas. La estructuración de estos *checkpoints* permite una gestión más eficaz, evitando interrupciones innecesarias mientras se mantienen las puertas abiertas para aclaraciones.

Por lo tanto, la práctica de establecer puntos de contacto y verificación durante un proyecto es un hábito que resulta beneficioso no solo para las personas involucradas, fortaleciendo la confianza, la calidad y la eficiencia, sino también para los resultados obtenidos en su totalidad, reduciendo desalineaciones y desviaciones en el proceso.

PRACTICA

3. Alinea, sigue y gestiona actividades.

- Para cada tarea/proyecto que solicites o recibas, establece etapas de entrega.
- ¿Cómo revisarás? No lo dejes para el final, ya que no habrá oportunidad para las correcciones.
- Pregúntale a la otra persona cuál es la mejor manera de comunicarse con él en caso de necesidad.

4. Desconéctate del celular. Foco en lo que estás haciendo

Desconectarse del celular y enfocarse completamente en la tarea en mano es un hábito que resuena profundamente en un mundo saturado de constante conectividad. El *smartphone* a menudo asume el papel de enemigo de la productividad.

La premisa es directa y prácticamente autoexplicativa: para alcanzar el nivel máximo de desempeño, es imprescindible apartar las distracciones digitales y concentrar todos los esfuerzos en la actividad presente. Sin embargo, implementar este enfoque resulta un desafío significativo, poniendo a prueba la resiliencia y la concentración de cualquier individuo.

A pesar de que el celular se ha convertido en una herramienta indispensable en diversos aspectos de la vida moderna, desde la gestión de tareas hasta la comunicación esencial, también es uno de los principales factores que perjudican la concentración. Las notificaciones incesantes, las llamadas inesperadas y la presencia constante de las redes sociales conspiran para desviar la atención de lo que es verdaderamente prioritario.

Sin embargo, esta batalla puede ser ganada. Un paso crucial está en la desconexión intencional y controlada, en la creación de un entorno aislado donde la concentración pueda florecer sin interferencias. Deshabilitar las notificaciones y mantener el celular fuera del campo de visión durante las tareas relevantes establece una barrera infranqueable contra las trampas que socavan el propósito.

Otra acción posible es mantener el celular en modo silencioso de forma predeterminada. Al eliminar por completo los sonidos de llamadas y notificaciones, es posible notar un impacto significativo en el desempeño sin las distracciones habituales, disminuyendo gradualmente los desvíos y aumentando la concentración.

Una estrategia adicional es eliminar las notificaciones invasivas, que ofrecen una vista previa de los mensajes recibidos, creando un deseo irresistible de explorar el contenido de inmediato. Este simple cambio no solo preserva la concentración, sino que también puede proteger la paz emocional. Al evitar estas notificaciones, el usuario se protege de mensajes potencialmente desagradables, asegurando así la productividad y el bienestar emocional, y reservando energía para abordar estos asuntos en momentos más apropiados.

Dedicar bloques sustanciales de tiempo, como veinticinco o cuarenta y cinco minutos sin interrupciones, puede parecer insignificante cuando se trata de mensajes triviales, publicaciones o llamadas poco relevantes. Sin embargo, este período se convierte en un recurso de valor inestimable cuando se dirige a tareas cruciales. La concentración fluye con mayor naturalidad; los resultados alcanzan nuevos niveles a medida que la eficiencia crece.

PRACTICA

4. Desconéctate del celular. Foco en lo que estás haciendo.

NADA MUY POCO POCO MUCHO MÁXIMO

MARCA EL ÍCONO DEL QUE PARTES PARA CONOCER TU PROGRESO

- Durante el trabajo, pon tu teléfono celular en silencio, guárdalo o mantenlo apagado durante períodos predeterminados (treinta minutos o una hora).
- Establece rutinas de acceso a mensajes/correo electrónico. Menos revisiones diarias, pero constantes.
- Acceso a redes sociales solo en momentos de descanso.

5. Utiliza herramientas a tu favor

La habilidad de emplear las herramientas disponibles de manera estratégica y eficiente es uno de los pilares fundamentales para impulsar la productividad y alcanzar un rendimiento de excelencia. En un mundo impregnado de tecnología, estas soluciones tecnológicas han sido desarrolladas con el objetivo preciso de simplificar y optimizar nuestras tareas cotidianas, proporcionando una ventaja significativa para aquellos que sepan aprovecharlas al máximo.

En un escenario en el que una amplia gama de aplicaciones y *software* están fácilmente accesibles, muchos de ellos incluso de forma gratuita, la clave no solo radica en identificar estas herramientas, sino también en comprender profundamente sus características y funcionalidades, de modo que habrá que integrarlas de manera inteligente en tus procesos.

Por ejemplo, al integrar tu agenda personal con un calendario digital que se conecta automáticamente a tu correo electrónico y tus tareas diarias, se obtiene una visión completa de tu tiempo, lo que te permite gestionar tus obligaciones con claridad y organización.

Además, la adopción del almacenamiento en la nube puede marcar la diferencia, asegurando que tus archivos y documentos estén siempre al alcance, sin importar el lugar o dispositivo que esté utilizando. La movilidad y practicidad resultantes de este enfoque pueden transformar la forma en que trabajas y colaboras.

La capacidad de crear y sincronizar notas en varios dispositivos es una medida inteligente para garantizar que la información importante esté disponible de manera inmediata cuando se necesite. Ya sea en una reunión de negocios, una sesión de estudio o simplemente para capturar ideas que surgen en momentos inesperados, esta funcionalidad agrega un nivel adicional de eficiencia a su flujo de trabajo.

La comunicación profesional también se beneficia enormemente de herramientas como aplicaciones de mensajería y videollamadas, que permiten un intercambio ágil de información, fortaleciendo los lazos comerciales y posibilitando decisiones más rápidas e informadas.

Al adoptar estas y otras herramientas con discernimiento y maestría, no solo estás potenciando tu productividad, sino que también estás simplificando notablemente tus actividades diarias. La energía que ahorras al evitar realizar tareas tediosas o complejas de manera manual puede dirigirse hacia lo que realmente importa: cuidar de ti mismo, pasar tiempo con tu familia y preservar tu salud.

PRACTICA

5. Utiliza herramientas a tu favor.

NADA   MUY POCO   POCO   MUCHO   MÁXIMO

MARCA EL ÍCONO DEL QUE PARTES PARA CONOCER TU PROGRESO

- Establece tus tres herramientas principales para e-mail, agenda y notas. Algunas aplicaciones tienen todo esto.
- Busca y mapea herramientas y técnicas específicas para la productividad en tu área de especialización.
- Busca tutoriales y contenido con canales tecnológicos que siempre están introduciendo nuevas herramientas.
- Guarda todos tus archivos en la nube y sincroniza entre dispositivos (computadora, celular, tablet, etc.)

---

6. Trabaja con una agenda. Todos tus compromisos deben estar programados, incluso los personales

El hábito de mantener todos los compromisos, tanto personales como profesionales, registrados en una agenda es un enfoque altamente beneficioso para optimizar la organización de la rutina diaria. Más allá de simplemente hacer un seguimiento de eventos y reuniones, esta metodología tiene como objetivo crear una estructura sólida para gestionar las tareas diarias, estableciendo una transición fluida entre los momentos dedicados al trabajo y los aspectos personales de la vida.

Aunque algunos puedan considerar esta práctica como excesivamente rígida, ofrece una serie de ventajas innegables. Tener una agenda detallada proporciona claridad sobre los horarios reservados para reuniones con colegas de trabajo, atención a clientes, seguimiento de proyectos, momentos de descanso e, incluso, actividades personales. Esta división del tiempo ayuda a garantizar un día productivo y equilibrado, en el que todas las áreas importantes de la vida reciben la atención adecuada.

Aunque, en este contexto, la primera impresión de una agenda con muchos compromisos, podría sugerir que la rutina está sobrecargada, la verdad es que la cuidadosa estructuración del tiempo es precisamente lo que permite encontrar ese equilibrio.

Al reservar un espacio adecuado para cada tarea o compromiso, incluso los personales, se vuelve posible llevar a cabo todas las actividades esenciales sin descuidar ningún aspecto fundamental de la vida. Genera compromisos contigo mismo, evitando así que actividades no programadas te impidan llevar a cabo lo que habías planeado.

Además, la gestión disciplinada del tiempo puede prevenir el estrés y fomentar una sensación de control sobre la propia vida. Al planificar todas las acciones y compromisos, el individuo se siente preparado para enfrentar los desafíos del día, aumentando su productividad y tomando decisiones más conscientes.

Cabe destacar que trabajar con una agenda no implica ser inflexible. Por el contrario, esta práctica hace que la persona sea más adaptable a ajustes cuando surgen eventos inesperados. Sin embargo, estos cambios se consideran cuidadosamente para asegurarse de que no afecten negativamente los compromisos ya programados. La flexibilidad es relevante, pero siempre con el objetivo de preservar la organización y el bienestar personal.

PRACTICA

6. Trabaja con una agenda. Todos tus compromisos deben estar programados, incluso los personales.

NADA　MUY POCO　POCO　MUCHO　MÁXIMO

MARCA EL ÍCONO DEL QUE PARTES PARA CONOCER TU PROGRESO

- Unifica tu agenda. Use solo una para citas personales y profesionales.
- Comienza a lanzar todas tus citas personales en la agenda.
- Establece horarios para todas tus actividades. Probablemente, hoy solo tengas reuniones. Agrega intervalos, almuerzo, espacio de estudio, ejercicios, etc.

7. Estar en línea no significa estar disponible todo el tiempo

Es fundamental reconocer que el hecho de estar en línea no nos obliga a estar disponibles todo el tiempo. La disponibilidad instantánea puede parecer una expectativa natural en el mundo conectado, pero establecer límites e intervalos para responder a los mensajes es una estrategia inteligente para mantener el equilibrio y la productividad.

Vivimos en una era de comunicación instantánea, donde las notificaciones y mensajes surgen incesantemente en nuestros dispositivos. Este flujo constante puede crear una sensación de urgencia y una presión para responder rápidamente a cada interacción. Sin embargo, es crucial comprender que no todos los mensajes demandan una respuesta inmediata. La mayoría de ellos no se refiere a situaciones urgentes o extremadamente importantes que requieran una acción inmediata.

Definir bloques de tiempo específicos para verificar y responder a los mensajes puede ser altamente beneficioso. Este hábito permite mantener el enfoque en las actividades diarias y mejorar la productividad.

Al generar estos intervalos, reducirás la frecuencia de verificaciones, disminuirás la cantidad de respuestas enviadas y, muchas veces, responderás de manera más concisa. Esta práctica se convertirá en parte de tu rutina y proporcionará un mayor control sobre el tiempo dedicado a los mensajes, garantizando que no se conviertan en una fuente constante de interrupciones.

A menos que trabajes en un sector de atención al cliente o en un contexto donde la respuesta rápida sea necesaria, no hay problema en tomar unos minutos o incluso una hora para responder a los mensajes. Al permitirte este espacio de tiempo, puedes concentrarte plenamente en tus obligaciones y finalizar tareas con mayor eficiencia. Concluir tus responsabilidades principales antes de dedicarte a las respuestas de los mensajes ayudará a evitar distracciones y garantizará que todas las tareas importantes se completen satisfactoriamente.

Recuerda que el control sobre la disponibilidad en línea es esencial para mantener un equilibrio saludable entre el trabajo, la vida personal y el bienestar emocional. Al establecer estos límites y definir momentos específicos para responder a los mensajes, estarás tomando una medida valiosa para garantizar tu propia productividad y evitar el agotamiento causado por la constante sensación de estar "siempre disponible". Después de todo, estar en línea no significa estar listo para todos en todo momento, sino tener el control de su tiempo y su rutina.

PRACTICA

7. Estar en línea no significa estar disponible todo el tiempo.

NADA · MUY POCO · POCO · MUCHO · MÁXIMO

MARCA EL ÍCONO DEL QUE PARTES PARA CONOCER TU PROGRESO

- Establece cada cuántos minutos revisarás y responderás los mensajes.
- Cuando no estés realizando una actividad que requiera concentración, responde lo más rápido posible, para no dejar para más adelante lo que ya puedes contestar.

8. Contesta el 100 % de lo que llega en un día, en el mismo día

Responder a todos los mensajes que llegan en un día el mismo día es un hábito que se destaca por su eficiencia y por la repercusión positiva en todas las áreas de la vida. Esta práctica está directamente relacionada con la gestión adecuada de la comunicación y es esencial para mantener un flujo de trabajo productivo y organizado.

Al dar respuesta a todos los mensajes recibidos, demuestras un alto nivel de profesionalismo y respeto hacia los demás. Esta disposición para abordar cuestiones y solicitudes refleja un compromiso con un buen servicio y la satisfacción de las personas a tu alrededor, ya sean colegas de trabajo, clientes, amigos o familiares.

Uno de los principales beneficios de responder de manera pronta es evitar la acumulación de tareas y mensajes no leídos. Al abordar cada asunto a medida que llega, mantienes tu bandeja de entrada organizada y evitas la sobrecarga de información. Esto te permite terminar el día con la sensación de haber completado todas tus actividades y tareas, contribuyendo a una sensación de logro y bienestar.

Incluso, si algunas cuestiones no pueden resolverse de inmediato, es importante dar una respuesta rápida para informar que el mensaje ha sido recibido y que se abordará prontamente. Esto evita dejar a las personas sin respuestas y muestra que estás atento a sus demandas. Esta comunicación ágil y receptiva es valiosa en diversos contextos y puede marcar una gran diferencia en las relaciones personales y profesionales.

Además, al responder de manera pronta, evitas malentendidos y facilitas la comunicación entre las partes involucradas. Esta transparencia y claridad en el manejo de los mensajes ayudan a evitar retrasos y confusiones que pueden surgir cuando la información no se comparte oportunamente.

Es fundamental recordar que, en algunas situaciones, las demandas pueden requerir más tiempo para ser resueltas o depender de factores externos. En estos casos, es esencial comunicar a las personas que eres consciente del asunto y que tomarás las medidas necesarias.

Establecer puntos de contacto y plazos para respuestas o entregas es una práctica recomendada, garantizando que las expectativas estén alineadas y que todos estén al tanto de los próximos pasos. Al adoptar este enfoque, estableces una base sólida para relaciones saludables y exitosas, tanto en el ámbito profesional como personal.

PRACTICA

8. Contesta el 100 % de lo que llega en un día, en el mismo día.

NADA   MUY POCO   POCO   MUCHO   MÁXIMO

MARCA EL ÍCONO DEL QUE PARTES PARA CONOCER TU PROGRESO

- Comienza el día revisando posibles mensajes/e-mails recibidos en el día anterior.
- Crea al menos tres bloques de respuestas: primera hora del día, mensajes del día anterior; la mitad del día, mensajes recibidos en las primeras horas de la jornada; final del día, mensajes recibidos durante la tarde.
- Verifica tu bandeja de entrada de e-mails, aplicación de mensajería y otras que usas antes de terminar tu jornada laboral. No dejes nada para mañana.

9. Revisa y planifica tu día. Usa los primeros y últimos treinta minutos del día para esto

Utilizar los primeros y últimos treinta minutos del día para verificar compromisos, mensajes/*e-mails* y planificar el día siguiente es una estrategia valiosa para asegurar un día más productivo y bien organizado. Al comienzo del día, tomarse un tiempo para comprobar todo lo que está programado es esencial para tener claridad sobre tus actividades y prioridades.

Al visualizar tu agenda, tareas y compromisos programados, puedes prepararte mentalmente para las demandas del día y establecer el orden de ejecución de las tareas con mayor eficiencia. Adicionalmente, este momento de revisión ayuda a evitar sorpresas desagradables, como olvidar algún compromiso importante, alguna entrega del día o no estar preparado para alguna reunión.

Además de verificar la agenda, es fundamental dedicar tiempo a revisar mensajes y correos electrónicos. Esto te permite estar al tanto de cualquier información nueva o solicitud que pueda afectar tu programación para el día. Responder a mensajes urgentes al comienzo del día también ayuda a evitar retrasos en proyectos o tareas que dependan de información externa.

Al final del día, reservar otros treinta minutos para analizar lo que se ha logrado es igualmente importante. Este momento de reflexión permite identificar lo que se ha completado y lo que ha quedado pendiente.

Si hay alguna actividad que no se haya finalizado, puede planificar cómo incorporarla en la rutina del día siguiente, asegurando que nada se olvide y que todo pueda completarse en los plazos establecidos.

Además, la planificación para el día siguiente es una forma efectiva de comenzar el próximo día con claridad sobre las tareas que deben realizarse. Al establecer prioridades y organizar su lista de tareas, estarás más preparado para enfrentar las demandas del día siguiente, reduciendo el estrés y aumentando la productividad.

Estos momentos de revisión y planificación también son excelentes oportunidades para ajustar sus metas y objetivos a corto plazo. Al evaluar tus logros e identificar posibles mejoras, puedes ajustar tus estrategias para alcanzar tus objetivos de manera más efectiva.

Al dedicar este tiempo a prepararte y reflexionar sobre tus actividades, estarás más capacitado para enfrentar los desafíos diarios y alcanzar tus objetivos con mayor éxito. Prueba incorporar este hábito y ve cómo puede impactar positivamente en tu rutina y resultados.

PRACTICA

9. Revisa y planifica tu día. Usa los primeros y últimos treinta minutos del día para esto.

NADA   MUY POCO   POCO   MUCHO   MÁXIMO

MARCA EL ÍCONO DEL QUE PARTES PARA CONOCER TU PROGRESO

- Separa los primeros treinta minutos del día para revisar mensajes, agenda, tareas, actividades y entregas a realizar en el día. Planifica cuáles serán tus pasos a lo largo del día para recorrer todas estas rutinas.
- Reserva los últimos treinta minutos del día para responder todos los mensajes, analizar las tareas y actividades ejecutadas, qué se puede mejorar y cuál será la agenda del día siguiente.
- Planifica lo que se necesitará para llevar a cabo todas tus actividades para el día siguiente. Agregar o quitar algo.

10. Ten una rutina. La repetición engendra hábito

Tener una rutina consistente es una herramienta poderosa para desarrollar y mantener hábitos positivos en nuestras vidas. La repetición constante de ciertas actividades ayuda a nuestro cerebro y cuerpo a internalizarlas, haciéndolas más naturales y automáticas con el tiempo. Este es el principio básico detrás del dicho "la repetición engendra el hábito".

Al practicar algo a diario, estamos construyendo un camino neuronal en nuestro cerebro que facilita la ejecución de esa actividad. Cuantas más veces realizamos esa acción, más fuerte y eficiente se vuelve ese camino, haciendo que la tarea sea más fácil y natural con el tiempo. Este proceso de automatización es lo que permite que una actividad se convierta en un hábito, ya que requiere menos esfuerzo consciente y se convierte en parte integral de nuestra rutina.

No se sabe exactamente cuántos días se necesitan para desarrollar un hábito. La duración para formar un hábito puede variar de una persona a otra y depende de la complejidad de la actividad en cuestión.

Algunos hábitos simples se pueden adquirir en unas pocas semanas, mientras que otros más complejos pueden llevar meses. De todos modos, la clave para consolidar un hábito es la disciplina y la repetición continua.

MENOS ACTIVIDADES, MÁS ENTREGAS: HÁBITOS SOBRE LA PLANIFICACIÓN Y EJECUCIÓN DE TAREAS

11. Divide las actividades. Si no puedes hacerlo solo, comparte

¿Cuántos de nosotros nos vemos a menudo centralizando todas las actividades, procesos, tareas o funciones en nuestras manos? Este es un desafío recurrente que muchas personas y empresas enfrentan. A menudo, la tendencia a centralizar todas las responsabilidades puede llevar al agotamiento y a la sobrecarga, afectando negativamente el rendimiento individual y colectivo. La habilidad de compartir tareas y responsabilidades es una demostración de madurez y sabiduría en el entorno laboral.

Uno de los principales desafíos es superar el temor de delegar o dividir tareas. Muchos profesionales tienen miedo de perder el control o la calidad del trabajo cuando comparten responsabilidades. Sin embargo, es importante comprender que al dividir actividades estamos posibilitando el crecimiento y desarrollo de otros miembros del equipo. Además, la colaboración y la cooperación aumentan las posibilidades de éxito en proyectos complejos.

Cuando nos encontramos con una nueva demanda, es crucial realizar un análisis riguroso e identificar lo que podemos realizar en un plazo determinado y lo que sobrepasa nuestras posibilidades. En ese momento, es esencial compartir esta información y situación con el equipo, nuestros compañeros de trabajo o líderes.

Si es posible, divide partes del proyecto o delega en tus subordinados. Recordando que delegar actividades no es sinónimo de descuidar obligaciones, sino de equilibrar la carga de trabajo, distribuyendo adecuadamente entre los miembros del equipo.

Entender la capacidad de producción individual y de los demás colegas es esencial para el buen funcionamiento de cualquier proyecto, actividad o tarea. Al dimensionar correctamente las responsabilidades, es posible optimizar el rendimiento del grupo y garantizar que todos contribuyan de manera efectiva.

Al establecer una cultura de colaboración, todos los miembros del equipo tienen la oportunidad de contribuir con sus habilidades y perspectivas únicas. Esta diversidad de talentos y conocimientos enriquece el proceso de toma de decisiones y ocasiona soluciones más creativas e innovadoras. Compartir tareas también fomenta la confianza entre los colegas, fortaleciendo el espíritu de equipo y la cohesión en el entorno laboral.

Además, la práctica de delegar o dividir tareas posibilita el desarrollo de nuevas habilidades y competencias. Al asumir nuevas responsabilidades, los miembros del equipo tienen la oportunidad de crecer profesionalmente y prepararse para enfrentar nuevos desafíos en el futuro.

PRACTICA

11. Divide las actividades. Si no puedes hacerlo solo, comparte.

| NADA | MUY POCO | POCO | MUCHO | MÁXIMO |

MARCA EL ÍCONO DEL QUE PARTES PARA CONOCER TU PROGRESO

- Crea una plantilla de planificación y análisis de actividad/proyecto para ti o tu equipo. Hay algunas metodologías conocidas, ejemplo: la matriz 5W2H y sus derivaciones.
- Estudia y establece tu capacidad productiva. Cuántas tareas, a qué nivel y durante cuánto tiempo puedes realizar por día/semana/mes. De esta manera, sabrás tu límite.
- Ten backup, parejas o "sombras" en tu equipo, listos para emprender actividades en las que ambos sepan cómo ejecutar el mismo proceso.

12. ¿Recibiste una tarea? Revísala inmediatamente para saber qué necesitarás hacer

Hacer una revisión inmediata de una nueva tarea es un paso fundamental en la búsqueda de una planificación eficaz y en la consecución de resultados exitosos. Cuando nos enfrentamos a una nueva demanda, especialmente si ha sido asignada por otra persona, es de suma importancia llevar a cabo una evaluación preliminar. Este paso no solo asegura la frescura de la información en nuestra mente, sino que también sienta las bases para una comprensión clara de los detalles y requisitos del trabajo que se llevará a cabo.

Además, la verificación inmediata nos brinda la oportunidad de aclarar directamente con la fuente los objetivos y expectativas del proyecto en cuestión. Actuar con prontitud en esta etapa inicial ofrece numerosas ventajas y puede ser un factor determinante para el éxito en la ejecución de la tarea, contribuyendo esencialmente a la creación de un plan asertivo y a la identificación de posibles dudas o lagunas de información.

La adopción de esta práctica no solo evidencia nuestro compromiso y profesionalismo, sino que también desempeña un papel vital en la gestión cuidadosa de nuestro tiempo y de los recursos disponibles. Al adoptar una postura proactiva, adquirimos la capacidad de delinear con precisión los próximos pasos a seguir.

Independientemente de la complejidad de la tarea, la revisión inmediata nos capacita para trazar un plan de acción sólido, determinar prioridades, identificar las etapas cruciales y estimar el tiempo necesario para la conclusión de cada una.

Este proceso, a menudo subestimado, es una medida importante para prevenir retrabajo, desviaciones en el camino, retrasos en la entrega y, por consiguiente, el desperdicio de tiempo valioso. Un beneficio adicional y altamente relevante es la oportunidad de recopilar con anticipación datos, información y materiales complementarios que pueden enriquecer significativamente la ejecución de la tarea.

La incorporación de este hábito aparentemente sencillo puede generar un impacto sustancial en el desempeño individual y en el rendimiento colectivo de los equipos. Aunque pueda parecer que dedicar tiempo al análisis y la planificación inicial sea un gasto de energía, la realidad es que esta etapa de inversión intelectual inicial es una forma de ahorrar esfuerzos posteriormente, cuando estemos inmersos en las actividades.

Al llevar a cabo una revisión minuciosa desde el principio, estamos allanando el camino para un proceso más fluido, informado y eficiente, maximizando la productividad y asegurando resultados de alta calidad.

PRACTICA

12. ¿Recibiste una tarea? Revísala inmediatamente para saber qué necesitarás hacer.

| NADA | MUY POCO | POCO | MUCHO | MÁXIMO |

MARCA EL ÍCONO DEL QUE PARTES PARA CONOCER TU PROGRESO

- Crea una rutina de revisión para las tareas nuevas. Establecer un periodo (tiempo) máximo para la clasificación.
- Dependiendo de la complejidad de la tarea, establece un punto de contacto con la fuente inicial para corrección, preguntas y recopilación de información/material.
- Garantiza que tienes toda la información necesaria para la ejecución antes de empezar una actividad.

_____

_____

_____

_____

_____

_____

_____

_____

_____

_____

_____

13. Divide las tareas en partes más pequeñas y ejecutables en un plazo más corto

La iniciativa de dividir tareas en partes más pequeñas y ejecutables en plazos más cortos es una práctica que va más allá del entorno empresarial, siendo una herramienta poderosa para aumentar la eficiencia y la productividad en todas las áreas de la vida. Al aplicar esta estrategia a nivel individual, experimentamos una transformación significativa en nuestra capacidad para manejar nuestras responsabilidades diarias.

Al desglosar nuestras tareas en etapas más pequeñas y realizables, logramos establecer un sentido de control y progreso en nuestras actividades. La sensación de abrumación se minimiza, ya que nos enfocamos en completar una etapa a la vez, lo que hace que el trabajo sea más manejable y menos intimidante. A medida que alcanzamos estos pequeños hitos, experimentamos una satisfacción inmediata que nos motiva a seguir avanzando, creando un ciclo positivo de logros.

Este enfoque también nos permite ser más ágiles y flexibles cuando nos enfrentamos a cambios o imprevistos. Al dividir nuestras tareas, podemos organizarlas y ajustar los plazos según sea necesario, sin perder el enfoque ni retrasar la finalización del proyecto en su totalidad. Esta capacidad de adaptación es esencial en un mundo dinámico y acelerado, permitiéndonos abordar desafíos de manera más efectiva y mantener la productividad incluso en situaciones impredecibles.

La analogía con la creación de un libro es perfecta para ilustrar la eficacia de este enfoque. Escribir un libro puede parecer una tarea monumental y abrumadora, pero al dividirlo en etapas bien definidas, se convierte en un proceso más viable y organizado. La creación del esquema, la escritura de capítulos en días específicos y la revisión continua son ejemplos de cómo desglosar una tarea compleja puede llevar a resultados tangibles y, en última instancia, a la publicación del libro. La claridad en las etapas y la gestión del tiempo contribuyen a mantener al autor enfocado y en el camino correcto para lograr el objetivo final.

Por lo tanto, desglosar tareas en partes más pequeñas es una práctica que promueve la eficiencia, la motivación y la capacidad de adaptación frente a los desafíos diarios. El enfoque sistemático de trabajar con hitos intermedios conduce a resultados más concretos y exitosos, permitiéndonos alcanzar nuestros objetivos de manera más eficiente y satisfactoria. Al incorporar esta práctica en nuestras rutinas, podemos enfrentar las demandas de la vida con mayor confianza, productividad y logros.

PRACTICA

13. Divide las tareas en partes más pequeñas y ejecutables en un plazo más corto.

NADA   MUY POCO   POCO   MUCHO   MÁXIMO

MARCA EL ÍCONO DEL QUE PARTES PARA CONOCER TU PROGRESO

- Al recibir nuevas tareas, establece, por lo menos, etapas de estructuración, ejecución, revisión y entrega. Se pueden realizar en días diferentes o en el mismo día.
- Registra inicialmente todos los pasos y fechas límite en tu calendario o aplicación de tareas.
- No hagas únicamente una tarea o un paso cada vez. Si has terminado antes de lo programado, empieza las etapas de una nueva tarea en el mismo día. Lo que puede cumplirse.

_____

_____

_____

_____

_____

_____

_____

_____

_____

_____

14. Establece plazos para todo. Siempre pon una fecha límite

Establecer plazos para todas las actividades es, sin duda, uno de los pilares fundamentales de una gestión eficiente del tiempo y la productividad. Es una costumbre válida tanto en el ámbito personal como en el profesional, ya que nos permite ser más organizados, enfocados y disciplinados en nuestras acciones diarias.

Al definir plazos, creamos un sentido de urgencia y responsabilidad hacia nuestras obligaciones. La presencia de un límite temporal nos impulsa a actuar con determinación, puesto que somos conscientes de que el tiempo es un recurso valioso y limitado.

Cuando no establecemos plazos claros, es fácil caer en la trampa de la procrastinación, posponiendo el inicio o la finalización de una tarea. La falta de una línea temporal concreta nos hace pensar que aún tenemos mucho tiempo para realizar la actividad, lo que puede comprometer la eficiencia y la calidad del trabajo.

En un contexto profesional, los proyectos sin plazos definidos pueden perderse fácilmente en el tiempo y el espacio. La falta de límites temporales puede dar como resultado un equipo desorganizado, sin enfoque y sin sentido de dirección.

Por el contrario, cuando se establecen plazos para cada etapa del proyecto, los miembros del equipo tienen claridad sobre sus responsabilidades y el tiempo disponible para cumplir con sus tareas. Esto estimula la colaboración, la comunicación y la

cooperación entre todos, creando una atmósfera de compromiso y participación.

Además, al establecer plazos para responder a solicitudes de
terceros, demostramos profesionalismo y gestionamos nuestras responsabilidades de manera más efectiva. Si alguien nos
pide que ejecutemos una tarea, es esencial que establezca-
mos una fecha límite de entrega, incluso si la persona no la ha
especificado. Esto demuestra que valoramos nuestro tiempo
y el de los demás, y proporciona un claro sentido de prioridad
para nuestras actividades.

Establecer plazos también nos permite equilibrar nuestras tareas y proyectos de manera más inteligente. Cuando tenemos
un límite de tiempo para cumplir con una actividad determi-
nada, nos sentimos motivados a evaluar su importancia y urgencia en comparación con otras demandas. Esto nos ayuda a
planificar nuestras acciones, priorizando las tareas más relevantes y asegurando que se ejecuten de manera eficaz.

Por lo tanto, establecer plazos debe ser un hábito que incor-
poremos para aumentar nuestra eficiencia, disciplina y compromiso. Esto nos ayuda a manejar nuestras obligaciones de
manera más organizada, evitando la procrastinación y garantizando el logro de metas y objetivos.

PRACTICA

14. Establece plazos para todo. Siempre pon una fecha límite.

NADA   MUY POCO   POCO   MUCHO   MÁXIMO

MARCA EL ÍCONO DEL QUE PARTES PARA CONOCER TU PROGRESO

- Todo lo que recibas o solicites, ponle un plazo, aunque el solicitante original no lo haya establecido.
- Considera los plazos establecidos de acuerdo con tu capacidad productiva y la de tu equipo. No prometas lo que no se puede cumplir.
- A nivel personal, revisa tus actividades, planes y objetivos y también establece fechas límite para ellos.

15. ¡No dejes todo para el último día! Administra el tiempo de ejecución

La importancia de una gestión eficiente del tiempo es un tema que impregna muchas discusiones, pero no siempre se aborda en su totalidad. Aunque muchos pueden asociar la eficiencia con la mera rapidez en la realización de tareas o, incluso, creer que cumplir con los plazos es suficiente, la verdadera gestión del tiempo va mucho más allá de estas nociones simplistas; se trata de equilibrar la realización de las actividades a lo largo del período disponible para la conclusión de una tarea.

Una perspectiva inteligente y estratégica implica la distribución del tiempo de ejecución de las actividades junto con la búsqueda de información a lo largo del plazo establecido. Supongamos que tienes tres días para completar una tarea. Sería un error concebir desde el principio que es viable comenzar solo en el último día y completar a tiempo. Lo correcto es fragmentar el esfuerzo a lo largo de los tres días para garantizar una conclusión tranquila y dentro del plazo. Aquí, es relevante recordar los hábitos y sugerencias previas.

¿Cuántos no se han enfrentado a la situación de posponer todo hasta el último momento, creyendo que sería posible realizar la tarea a tiempo, solo para darse cuenta de que es una tarea imposible de ejecutar? Al menos en el último minuto del plazo establecido. Esto puede ocurrir simplemente por falta de comprensión de la complejidad de la actividad o por no prever los recursos necesarios.

Dicha actitud impulsiva puede ocasionar retrasos, fallos en la entrega, pérdida de plazos y, en algunas instancias, incluso impactos sustanciales en proyectos, clientes y en la propia organización. La procrastinación, en este contexto, es una adversaria de la gestión eficiente del tiempo. No importa cuán extensa sea la lista de tareas, es fundamental distribuir todas las actividades a lo largo de los plazos establecidos.

La gestión del tiempo también abarca la habilidad de identificar las tareas más urgentes e importantes y priorizarlas de manera criteriosa. Al distribuir sabiamente el tiempo de ejecución, es posible trabajar con más serenidad y concentración, lo que brinda la oportunidad de mejorar significativamente el resultado y evita la necesidad de retrabajo o correcciones de última hora.

Al final, la gestión efectiva del tiempo no se trata de una mera ejecución apresurada de tareas, sino que requiere una visión estratégica y equilibrada. Con la adopción de esta mentalidad e la incorporación de prácticas que valoren la distribución inteligente del esfuerzo y la priorización eficiente, es posible no solo alcanzar las metas establecidas, sino también desempeñar un papel activo en la construcción de resultados de alta calidad e impacto duradero.

PRACTICA

15. ¡No dejes todo para el último día! Administra el tiempo de ejecución.

| NADA | MUY POCO | POCO | MUCHO | MÁXIMO |

MARCA EL ÍCONO DEL QUE PARTES PARA CONOCER TU PROGRESO

- Identifica los tipos de tareas más comunes que realizas para entender cómo se puede distribuir el trabajo en el período de ejecución.
- Gestión del tiempo no es entregar rápido. Es entregar correctamente y de manera inteligente.
- Dedica tiempo, de manera ordenada, a diversas actividades. Una puede ayudar a otra.

16. Establece una rutina de revisión de actividades

Establecer una rutina de revisión de actividades es una pieza clave en la búsqueda constante de la calidad y eficiencia del trabajo ejecutado. Además de gestionar el tiempo de manera equilibrada, reservar momentos específicos para volver a visitar las tareas completadas es una práctica que proporciona una serie de beneficios sustanciales. Este proceso de revisión es particularmente crucial en contextos que involucran presentaciones, proyectos o cualquier forma de entrega de trabajo, ya que permite mejoras y ajustes antes de la fecha límite final.

Más allá de las ventajas prácticas, la revisión de actividades también ofrece beneficios cognitivos profundos. Cuando nos desconectamos temporalmente de una tarea, nuestro cerebro sigue trabajando en segundo plano, procesando información de manera indirecta y sutil. Esto crea un entorno propicio para la aparición de nuevas ideas y perspectivas que pueden enriquecer el trabajo de manera sorprendente.

Este período de "distanciamiento" mental es un terreno fértil para identificar brechas y oportunidades de mejora, dando lugar a ideas valiosas que pueden fomentar la creatividad y la innovación. Así, reservar tiempo para la revisión es un enfoque que no solo mejora la calidad del trabajo, sino que también inspira un pensamiento más fresco y original.

Asimismo, las rutinas de revisión permiten implementar hitos estratégicos a lo largo del desarrollo de un proyecto. Estos momentos de análisis y evaluación permiten verificar el progreso e identificar cualquier desviación con respecto a los objetivos establecidos. Con esta iniciativa, es posible corregir posibles errores o implementar medidas correctivas a tiempo, evitando la acumulación de problemas que podrían comprometer el resultado.

Es importante destacar que la creación de una rutina de revisión no debe verse como un proceso tedioso o una formalidad vacía. Por el contrario, la revisión es una demostración práctica de compromiso con la calidad del trabajo y la búsqueda constante de la excelencia. Al asignar un valor significativo al hábito de revisar y dedicar tiempo y atención a esta etapa, tanto los profesionales como los equipos pueden elevar el nivel de sus entregas, estableciendo un estándar más alto de rendimiento consistente y gratificante.

PRACTICA

16. Establece una rutina de revisión de actividades.

NADA   MUY POCO   POCO   MUCHO   MÁXIMO

MARCA EL ÍCONO DEL QUE PARTES PARA CONOCER TU PROGRESO

- Para todas las tareas posibles y proyectos, crea un paso de revisión obligatorio.
- Este paso debe tener algún desfase temporal entre la ejecución o finalización de una pieza, y el plazo de entrega.
- Aunque sea una tarea sencilla y ordinaria, revisa antes de entregar.

17. Define lo que es relevante. Si todo es prioritario, nada es prioritario

Definir lo que es verdaderamente relevante y prioritario representa un desafío constante en nuestras vidas, ya sea en el ámbito personal o profesional. La conocida expresión "Si todo es prioridad, nada es prioridad" sirve como un recordatorio esencial de que la falta de claridad sobre nuestras prioridades puede generar la dispersión de nuestro tiempo y energía en tareas de menor importancia. Esta reflexión se vuelve aún más pertinente en los tiempos modernos, donde constantemente estamos siendo bombardeados por una infinidad de demandas y distracciones.

En el contexto profesional, la cuestión de definir prioridades cobra una importancia aún mayor. Es común observar equipos o personas sintiéndose abrumados por un flujo interminable de tareas, todas aparentemente urgentes y cruciales. En este escenario, es extremadamente necesario recordar que un equipo o una persona, por más competentes que sean, tienen recursos limitados, ya sea en términos de tiempo, energía o habilidades. Por lo tanto, enfocarse en una tarea a la vez permite una dedicación completa, permitiendo dirigir toda la atención y esfuerzo para lograr un resultado verdaderamente notable.

El intento de abarcar múltiples "prioridades" simultáneamente puede llevar a una ejecución mediocre en todas ellas, sin lograr un nivel excepcional en ninguna. La táctica de priorizar una tarea a la vez permite una ejecución más eficiente y certera, asegurando que el trabajo se realice con la máxima calidad y satisfacción.

Además, definir una única prioridad facilita el proceso de toma de decisiones, ya que todas las acciones y elecciones se dirigen hacia el logro de ese objetivo específico. Este enfoque simplifica la gestión del tiempo y los recursos, previene la dispersión y minimiza el agotamiento mental que resulta de intentar equilibrar diversas tareas importantes al mismo tiempo.

Por lo tanto, en un mundo en constante movimiento, el dicho sobre las prioridades sigue siendo extremadamente válido y necesario. Ejecutar una tarea a la vez no solo eleva la calidad del trabajo, sino que también nos lleva por un camino de mayor eficacia, productividad y realización. Enfócate en lo que realmente es prioritario y dirige todos tus esfuerzos hacia ese objetivo.

PRACTICA

17. Define lo que es relevante. Si todo es prioritario, nada es prioritario.

| NADA | MUY POCO | POCO | MUCHO | MÁXIMO |

MARCA EL ÍCONO DEL QUE PARTES PARA CONOCER TU PROGRESO

- Solo puede haber una prioridad a la vez.
- Para definir una prioridad es necesario evaluar el impacto que esta causará al ser realizada o dejarse de ejecutar.
- Si el resultado de una acción causa mayor impacto sobre las demás y, por lo tanto, es más significativo, esta es la prioridad.
- Si llega una nueva prioridad, se debe establecer a qué otra tarea la reemplaza. No agregues prioridades, cámbialas.

_____

_____

_____

_____

_____

_____

_____

_____

_____

_____

18. Si una tarea tomará "cinco minutos", ¡hazla de inmediato!

La estrategia de abordar inmediatamente las tareas que solo requieren unos minutos es un método efectivo para aumentar la productividad y mantener un flujo de trabajo continuo y eficiente. Al optar por manejar estas pequeñas demandas de manera rápida, el cerebro recibe un estímulo positivo que contribuye a elevar el ánimo y fortalecer la autoconfianza del individuo. La sensación de logro y eficacia puede impulsar la motivación para enfrentar desafíos más grandes y complejos, creando un ciclo positivo de progreso constante.

Además de impulsar la autoestima, esta práctica evita la acumulación de tareas menores a lo largo del día, que, cuando se suman, pueden convertirse en una fuente de distracción y perjudicar la concentración en las actividades más significativas, además del riesgo de olvidar y no ejecutar lo que se había solicitado. Al abordar de manera rápida estas tareas rápidas, no se convierten en una carga mental adicional, lo que permite que la mente permanezca clara y enfocada en las tareas principales en curso.

Es crucial destacar que este enfoque debe aplicarse con discernimiento y equilibrio. Las tareas que se pueden resolver de manera rápida y efectiva deben abordarse de esta manera, mientras que aquellas que requieren más tiempo y atención deben planificarse y ejecutarse correctamente dentro de los plazos establecidos, considerando las etapas, los esfuerzos y los recursos necesarios.

El secreto radica en identificar rápidamente el origen y la complejidad de la demanda, así como los recursos necesarios y disponibles para priorizarla y ejecutarla, o permanecer atentos al proyecto en curso y asignar tiempo posterior para su realización. Aunque la ejecución inmediata puede parecer interrumpir otra actividad en curso, en realidad, abordar la tarea de inmediato puede proporcionar un impulso de energía y revitalización para continuar avanzando en el proyecto original.

Aunque a primera vista algunas personas cuestionen la eficacia de esta práctica, cuando se aplica de manera adecuada, se revela como una herramienta valiosa para mejorar el rendimiento y optimizar la capacidad de producción diaria. Al adoptarla como un hábito, es posible transformar pequeños momentos de ocio en oportunidades de progreso tangible, lo que contribuye a un viaje más productivo y gratificante.

PRACTICA

18. Si una tarea tomará "cinco minutos", ¡hazla de inmediato!

- Todas las tareas que recibas, valora el grado de complejidad. ¿Es simple? Detente, corre y sigue adelante.
- Hacer tareas simples al instante, evita olvidar y perder tiempo innecesario más tarde.
- Aunque te encuentres en medio de una actividad más compleja, si algo te ocupará menos de cinco minutos, ejecútalo y resuelve otro pendiente de en medio.

19. Completa más tareas. Aunque sean pequeñas, ¡motivan!

La sensación de completar más tareas, aunque sean pequeñas, es una fuente de motivación y un impulso efectivo para aumentar la productividad y el ánimo en el día a día. Esta estrategia está estrechamente relacionada con el hábito anterior que enfatiza la ejecución rápida de tareas que requieren poco tiempo y recursos. Al adoptar esta práctica, el objetivo es maximizar el número de entregas a lo largo del día, potenciando la sensación de logro y bienestar.

Estas pequeñas victorias logradas a través de estas conclusiones pueden aumentar la motivación, proporcionando una sensación de progreso y productividad continua. Además, al evitar la acumulación de tareas para el día siguiente, la persona se siente más segura en su capacidad para gestionar responsabilidades de manera eficiente y reduce el estrés y la sobrecarga emocional asociados con una carga de trabajo excesiva.

Sin embargo, no significa que se deban realizar tareas de cualquier manera, priorizando la cantidad sobre la calidad. Por el contrario, es necesario encontrar el equilibrio adecuado entre agilidad y excelencia en la ejecución. De la misma manera que abordamos anteriormente, el punto clave radica en la capacidad de evaluar de manera primaria y rápida el grado de complejidad y necesidad de recursos que requerirá cada tarea. Por lo tanto, todo lo que sea simple y natural debe entregarse lo más rápido posible. El objetivo es alcanzar un ritmo sostenible de productividad, brindando la sensación de logro y motivación continua sin agotar al individuo.

Pequeñas acciones que efectuamos como parte de la rutina y que no necesariamente forman parte de un proyecto o actividad más grande, como pasos de rutina, entregas parciales o proporcionar información, por ejemplo, también pueden considerarse tareas. Al indicar la ejecución de estas tareas y llevar un registro de lo que ya hemos hecho, aumentamos nuestra lista de logros.

Considerar la conclusión de más tareas, incluso las pequeñas, como una fuente de motivación es una estrategia valiosa para aumentar la productividad y el entusiasmo en el día a día. Al maximizar el número de entregas, es posible disfrutar de pequeñas victorias que impulsan la motivación, generando un sentimiento de progreso constante.

PRACTICA

19. Completa más tareas. Aunque sean pequeñas, ¡motivan!

MARCA EL ÍCONO DEL QUE PARTES PARA CONOCER TU PROGRESO

- Tener, de forma visual, un control de las actividades, tareas y rutinas ejecutadas, to-do list, por ejemplo.
- Cualquier actividad que no sea de tu rutina, agrégala como una "tarea".
- Al final del día, revisa todo lo que hiciste y qué tan productivo fuiste. Hay que ver el "volumen" de lo que hacemos.

20. ¡Menos notas, más entrega!

Como hábito para mejorar la productividad, es crucial adoptar una postura que puede parecer atípica para algunos, pero que se demuestra extremadamente eficiente: la disposición para actuar inmediatamente en contraposición a tomar notas para una acción futura.

La esencia de esta metodología radica en evitar sobrecargar la mente con anotaciones detalladas sobre tareas que son susceptibles de ejecución inmediata. En su lugar, se confía en la habilidad de actuar sin demora, lo que resulta no solo en mayor agilidad y eficiencia, sino también en una sensación de libertad al eliminar rápidamente las tareas de la lista.

Este método resulta beneficioso en diversas situaciones cotidianas. Durante las reuniones, por ejemplo, en lugar de simplemente tomar una nota cuando alguien menciona la necesidad de enviar información o archivos después de la reunión, la actitud es actuar de inmediato. La información, el archivo o el adjunto se envían directamente durante la reunión, ahorrando tiempo y asegurando que la tarea se complete rápidamente.

El mismo principio se aplica a la programación de reuniones con colegas: en lugar de crear una lista de notas sobre fechas y horarios apropiados, se verifican las agendas en tiempo real y se programan las reuniones de manera ágil y eficaz.

Adicionalmente, cuando alguien solicita abordar un asunto con un equipo específico, no se pierde tiempo. Se aprovecha el momento de la solicitud para actuar de inmediato, localizar al equipo relevante, comunicar la demanda y buscar una respuesta específica si es necesario. Muchas veces, en el mismo instante, ya se pueden ofrecer respuestas a lo solicitado.

Al evitar un exceso de anotaciones innecesarias, se abre espacio para que la creatividad y el pensamiento estratégico florezcan, lo que da como resultado logros más significativos y pertinentes. En resumen, la filosofía es simple: ¡menos notas, más resultados! Esta aproximación ha demostrado ser una herramienta invaluable en la rutina diaria, y se alienta a todos a probarla en sus propias vidas. La garantía es que, al aplicarla, habrá un notable aumento en la productividad y en resultados significativos en todas las áreas de la vida.

PRACTICA

20. ¡Menos notas, más entrega!

- Recibiste una solicitud como "envíame ese archivo", envíalo; "¿podemos hablar?", apunta la cita; "¿necesitas un dato?", consigue.
- Lo que puedas hacer inmediatamente o toma el mismo tiempo de una nota para ejecución futura, ¡hazlo ya!

MENOS ESTRÉS, MÁS CONTROL: HÁBITOS SOBRE LA GESTIÓN DEL TIEMPO Y AGENDA

21. Revisa todos tus compromisos fijos. ¿Cuáles son realmente necesarios?

En medio del ajetreo cotidiano, a menudo nos encontramos abrumados por una gran cantidad de compromisos fijos que llenan nuestras vidas diarias. Ante esto, se vuelve de suma importancia realizar una revisión minuciosa de cada uno de ellos, con el fin de identificar cuáles son realmente indispensables y cuáles podemos sustituir o cancelar como rutina.

Esta reflexión nos brinda la oportunidad de reorganizar nuestra agenda y liberar tiempo y energía para dedicarnos a actividades que contribuyen directamente a la consecución de nuestros objetivos personales y profesionales, así como a nuestro bienestar y equilibrio.

En el trabajo, por ejemplo, es sorprendente cuántos compromisos pierden relevancia con el paso del tiempo. Reuniones que en un principio eran fundamentales y productivas pueden convertirse en meros cumplimientos rutinarios, carentes de propósito y ocasionando una pérdida de tiempo.

Independientemente de lo que deba abordarse, quizás el tiempo asignado a estos eventos podría ser invertido en otros propósitos y, por ende, generar mayores beneficios. Ante esto, es esencial cuestionar constantemente la eficacia y el valor agregado de cada uno de estos encuentros y estar dispuestos a eliminar aquellos que ya no brindan resultados claros y efectivos.

Además de esto, es importante reflexionar sobre la frecuencia y el propósito de las reuniones en nuestra rutina. A menudo, programamos encuentros presenciales o virtuales para tratar asuntos que podrían resolverse fácilmente a través de un simple correo electrónico o mensaje de voz. La adopción de tecnologías de comunicación puede facilitar y ser una estrategia efectiva para optimizar nuestro tiempo y simplificar la resolución de cuestiones rutinarias, sin la necesidad de realizar un mayor esfuerzo.

Por lo tanto, evalúa tus compromisos, especialmente aquellos que son recurrentes y relacionados con el trabajo, comprendiendo el beneficio real que cada uno genera. Determina qué otros medios pueden utilizarse para abordar y alcanzar los mismos objetivos, eliminando todo lo superfluo y simplificando tu rutina, para poder dedicarte a lo que realmente importa y aprovechar mejor tu tiempo y recursos.

PRACTICA

21. Revisa todos tus compromisos fijos. ¿Cuáles son realmente necesarios?

- Verifica tu agenda y elimina las citas fijas que ya no tienen un propósito definido.
- Sustituye las reuniones innecesarias por otras formas de comunicación: mensajes, informes, etc.
- Restablece propósitos para tus juntas. Identifica puntos de mejora y acciones que requieran nuevos encuentros.

_____

_____

_____

_____

_____

_____

_____

_____

_____

_____

_____

_____

_____

22. Reduce la cantidad y aumenta el intervalo de tiempo entre reuniones

Reducir el número de reuniones es un paso crucial para optimizar nuestro tiempo y maximizar la eficiencia en nuestras actividades diarias. Siguiendo la recomendación anterior, es fundamental identificar cuáles reuniones son realmente necesarias y cuáles pueden ser eliminadas. Para ello, es importante evaluar la relevancia y el impacto de cada encuentro en relación con nuestros objetivos y responsabilidades.

Al analizar nuestros compromisos, podemos encontrar oportunidades para abordar ciertos asuntos de manera más eficiente, evitando reuniones presenciales siempre que sea posible. En lugar de llevar a cabo reuniones cara a cara, podemos recurrir a alternativas como videoconferencias, llamadas telefónicas o incluso intercambio de mensajes a través de aplicaciones. De esta manera, ahorramos tiempo y desplazamientos, y nos centramos directamente en el contenido a discutir.

Además de eliminar reuniones innecesarias, es beneficioso reducir la frecuencia y espaciar aquellas que siguen siendo considerables. Convertir reuniones diarias en semanales, semanales en quincenales y quincenales en mensuales puede brindar beneficios significativos en términos de productividad y, en la mayoría de los casos, sin afectar negativamente el progreso de los proyectos y asuntos discutidos.

Al ampliar el intervalo entre las reuniones, damos más tiempo para la preparación y el desarrollo de tareas y proyectos, lo que permite abordar los temas con mayor profundidad. Las reuniones resultan más fructíferas, inclusive.

Otra estrategia es considerar la viabilidad de convertir reuniones mensuales, como presentación de resultados o planificación a corto plazo, en encuentros menos frecuentes, como cada dos o tres meses, especialmente cuando el contenido tratado no requiere actualizaciones constantes. Con este cambio, abrimos espacio para abordar cuestiones más prioritarias y urgentes, sin descuidar la alineación necesaria para el progreso del trabajo.

Al adoptar estos hábitos de control y gestión del tiempo, creamos más espacio en nuestra agenda para la producción de resultados, el desarrollo de proyectos e, incluso, para tratar temas de mayor relevancia. La productividad aumenta, lo que nos permite centrarnos en actividades más estratégicas y esenciales para nuestro crecimiento profesional y personal.

PRACTICA

22. Reduce la cantidad y aumenta el intervalo de tiempo entre reuniones.

NADA   MUY POCO   POCO   MUCHO   MÁXIMO

MARCA EL ÍCONO DEL QUE PARTES PARA CONOCER TU PROGRESO

- Revisa tu agenda y convierte tus reuniones diarias en semanales, semanales en mensuales y mensuales en bimestrales.
- Crea grupos y divisiones de responsabilidades dentro del equipo para que distintos miembros sean responsables de diferentes temas y reuniones, de esta manera se reduce la necesidad de que todos estén presentes en los mismos encuentros.

23. Establece bloques de tiempo en tu agenda para tus rutinas

Establecer bloques de tiempo en tu agenda para tus rutinas es una acción valiosa para optimizar tu productividad y asegurarte de que las actividades importantes se realicen de manera constante. La simple intención de reservar un espacio en el día para estas tareas no es suficiente; es fundamental formalizar este compromiso contigo mismo al insertarlo explícitamente en la agenda. No es solo un recordatorio, es un momento específico con un propósito definido. Por lo tanto, difícilmente pasará desapercibido y considerarás la necesidad de llevar a cabo esa actividad.

Imagina tu agenda como un mapa del tiempo, y tú eres el encargado de trazar los caminos que recorrerás a lo largo del día. Al bloquear eficazmente estos espacios, creas fronteras claras entre las diferentes actividades, asegurando que cada una reciba la atención necesaria. Al programar una reunión contigo mismo, le das a esta práctica la misma importancia y respeto que le darías a una reunión con un cliente valioso o una reunión con el equipo.

Por supuesto, no es necesario llenar toda la agenda con estos bloqueos. La idea es encontrar un equilibrio entre la flexibilidad necesaria para manejar las demandas imprevistas y la organización estratégica que permite llevar a cabo las actividades más cruciales. Por ejemplo, puedes establecer un horario exclusivamente dedicado al almuerzo, lo que te permite recargar energías y relajarte.

También, puedes separar espacios para llevar a cabo actividades de planificación. Además, definir momentos específicos para revisar proyectos te permite mantener un control constante sobre el progreso y evitar retrasos no deseados.

Asimismo, es fundamental recordar que estos bloques de tiempo no deben considerarse como algo rígido e inflexible. En ciertas ocasiones, serán necesarios ajustes, y es perfectamente aceptable adaptar la agenda según lo exija la situación. Cuando te enfrentes a un imprevisto o una tarea prioritaria, es fundamental adaptarte a la situación, reorganizando los demás compromisos en momentos oportunos y centrándote en lo que es más urgente.

Recuerda que la organización de la agenda es una herramienta poderosa para la autogestión y el logro de metas. Tu éxito depende de las elecciones que hagas hoy, y el cuidado que pongas en organizar tu agenda seguramente dará frutos en el futuro. Mantente en control de tu tiempo y tus rutinas.

PRACTICA

23. Establece bloques de tiempo en tu agenda para tus rutinas.

- Ingresa, como cita, los horarios de realización de actividades, lo mismo que para las personales, y ejecútalas dentro de ese horario.
- Reserva una hora para el almuerzo/comida cada día.
- Bloquea espacios para eventos personales (entrenamiento/ ejercicios, estudio, familia, placer).

24. Realiza pausas entre reuniones

Este hábito resulta importante en el manejo del tiempo y la gestión efectiva, no solo para garantizar un buen rendimiento y productividad, sino también para preservar tu salud mental y bienestar durante la jornada laboral. La idea de estar inmerso constantemente en reuniones consecutivas puede ser sumamente desafiante, ya que el cerebro necesita tiempo para procesar información, recobrar energía y prepararse adecuadamente para la siguiente interacción.

La práctica de establecer intervalos demuestra respeto tanto hacia ti mismo como hacia los demás participantes de las reuniones. Al presentarte a cada discusión con una mente más serena y enfocada, contribuyes a hacer la reunión más productiva y colaborativa.

Por ello, al otorgarte intervalos de quince o, al menos, cinco minutos entre las reuniones, permites que tu mente se desconecte del tema previo, puedas respirar y prepararte mentalmente para el siguiente encuentro. Esto es especialmente crucial después de reuniones que abordan asuntos intensos o delicados, en los cuales tus emociones y pensamientos pueden estar abrumados. Resulta fundamental, en esos casos, restaurar tu nivel normal de energía y atención para rendir en el próximo encuentro o actividad.

Estos intervalos pueden aprovecharse de diversas formas para mejorar tu eficacia laboral. Puedes utilizar ese tiempo para repasar rápidamente las notas de una reunión previa, abrir documentos y presentaciones que se utilizarán en el siguiente evento de la agenda, ordenar tus pensamientos o incluso dar un breve paseo para mover el cuerpo, estimular la circulación y aclarar la mente.

Asimismo, resulta importante planificarte adecuadamente al programar las reuniones. Siempre que sea posible, evita programar dos reuniones seguidas sin ningún intervalo entre ellas. Si el número de reuniones en un día es significativo, considera dividir tu horario en bloques específicos para las reuniones y otros para trabajos individuales, creando un equilibrio entre la colaboración y la concentración.

Al implementar intervalos entre reuniones, aseguras que tu jornada laboral sea más productiva, saludable y exitosa. Esta simple práctica puede marcar una gran diferencia en tu calidad de vida profesional, ayudándote a afrontar las demandas con mayor claridad mental y a llegar a cada reunión con energía renovada.

PRACTICA

24. Realiza pausas entre reuniones.

NADA   MUY POCO   POCO   MUCHO   MÁXIMO

MARCA EL ÍCONO DEL QUE PARTES PARA CONOCER TU PROGRESO

- Inserta bloqueos de quince minutos entre cada uno o dos espacios de citas disponibles en su horario.
- Antes de entrar a una reunión, prepárate técnica y mentalmente.
- Nunca realices más de dos reuniones consecutivas sin intervalos.

_____

_____

_____

_____

_____

_____

_____

_____

_____

_____

_____

_____

25. Define franjas horarias para tipos de actividades

Definir franjas horarias para tipos de actividades es una estrategia sumamente efectiva para optimizar la gestión del tiempo y asegurar una rutina más organizada y productiva en tus tareas diarias. Al establecer estos bloques de tiempo dedicados a actividades específicas, logras estructurar tu agenda de manera más eficiente y alinear tus responsabilidades de acuerdo con las demandas de cada actividad.

El primer paso para implementar esta práctica es identificar las diferentes categorías de actividades en tu rutina diaria. Como se mencionó anteriormente, puedes tener reuniones internas, encuentros externos con clientes, socios y proveedores, tiempo para revisión y planificación, ejecución de tareas en proyectos, análisis de datos y resultados, entre otras.

Al determinar las principales categorías, puedes comenzar a definir las franjas horarias ideales para cada una de ellas. Por ejemplo, reservar las mañanas, el primer horario del día, de ocho a once de la mañana para reuniones internas con el equipo, es una decisión inteligente, ya que permite que todos los miembros comiencen el día alineados y comprometidos con los proyectos y actividades en curso.

De manera similar, asignar las tardes después del horario de almuerzo, de la una a las cuatro de la tarde para reuniones externas con clientes, resulta más práctico, por el hecho de que ha habido suficiente tiempo durante la mañana para realizar actividades internas o preparar material, informes y revisar información que se necesitará en los encuentros. Además, la mente tiende a estar más alerta en este período, lo cual es importante para las interacciones de este tipo con actores externos a la organización.

La utilización de recursos disponibles en aplicaciones de calendario puede ser una herramienta valiosa para implementar este sistema de bloques horarios. Al crear estos espacios categorizados directamente en tu agenda digital, tendrás una visión clara y práctica de cómo está estructurado tu día y podrás administrarlo de la manera que mejor te convenga al ajustar o modificar algún evento para aumentar la productividad y los resultados.

Al organizar tu agenda de manera estratégica, tendrás un mayor control sobre el tiempo. La definición de franjas horarias para cada tipo de actividad proporcionará una rutina más equilibrada, aumentando tu eficiencia, logros y la calidad del trabajo que entregas.

PRACTICA

25. Define franjas horarias para tipos de actividades.

- Divide tu agenda en al menos tres categorías: reuniones internas, reuniones externas y tareas a ejecutar.
- Recuerda agregar descansos entre reuniones y bloques de citas personales, incluyendo horario para almuerzo/comida.

26. Sé puntual, tanto para empezar como para terminar

La puntualidad es más que un hábito. Es una demostración de compromiso y respeto que tienes hacia las personas y hacia tu propio tiempo. Ser puntual, tanto para comenzar como para terminar, es un aspecto fundamental de la gestión efectiva del tiempo. Esta práctica es esencial para cultivar relaciones profesionales saludables y asegurar una rutina más organizada y productiva.

Cuando te comprometes a ser puntual, les demuestras a los demás que valoras su tiempo tanto como valoras el tuyo. Llegar antes de la hora fijada para una reunión presencial o unirte puntualmente a una reunión en línea muestra que estás dispuesto a respetar la agenda y los compromisos de todos los involucrados.

Por supuesto, es importante entender que pueden surgir situaciones inesperadas y que se requiere cierta flexibilidad. Pueden surgir imprevistos y puede haber razones legítimas para retrasos ocasionales. Sin embargo, estas excepciones deben estar justificadas y no deben convertirse en una práctica recurrente por ninguna de las partes involucradas.

La gestión adecuada del tiempo requiere disciplina y planificación. Al cumplir estrictamente con los horarios asignados a cada actividad, optimizas tu día y evitas que una tarea se extienda más allá del tiempo previsto, perjudicando el resto de tu programación.

Además de ser puntual para comenzar, también es fundamental respetar los horarios para finalizar una actividad. Es común involucrarnos en discusiones productivas o tareas emocionantes, pero es fundamental tener en cuenta los compromisos que seguirán. Finalizar una reunión o actividad en el horario planificado demuestra que valoras el tiempo de todos los participantes, asegura que no habrá un impacto negativo en las demás actividades del día y, posteriormente, evita conflictos con otros compromisos.

Recuerda que la gestión efectiva del tiempo es una habilidad valiosa que influye directamente en tu capacidad para alcanzar metas y lograr objetivos. Al respetar los horarios de inicio y finalización, no solo garantizas un entorno de trabajo más armonioso, sino que también te colocas en el camino del crecimiento continuo. Tu tiempo es importante y la forma en que lo administras refleja tu compromiso de aprovechar al máximo cada instante.

26

PRACTICA

26. Sé puntual, tanto para empezar como para terminar.

- Para reuniones presenciales, llegue al menos quince minutos antes de la hora programada.
- Considera el tiempo de viaje, en caso de reuniones externas. Utiliza aplicaciones para programar la hora de salida y anticipa al menos quince minutos antes de la hora propuesta.
- Para reuniones online, ingrese de dos a cinco minutos antes.
- Si ve que una reunión tiende a alargarse, propón un nuevo encuentro antes de que finalice el tiempo y programa en el momento con los participantes.

27. Utiliza diferentes patrones de títulos y colores según el tipo de compromiso

Utilizar diferentes patrones de títulos y colores por tipo de compromiso es una estrategia visual poderosa para optimizar la organización y hacer que tu agenda sea más fácil de entender y administrar. Al adoptar este método, obtienes una visión rápida e intuitiva de tus compromisos, lo que te permite identificar rápidamente la naturaleza y la prioridad de cada evento sin tener que examinar detenidamente cada entrada.

El primer paso para implementar este sistema es definir categorías claras para tus compromisos. Como se mencionó anteriormente, puedes tener reuniones semanales fijas, reuniones puntuales, reuniones externas, reuniones de retroalimentación e incluso bloques de intervalo para descanso o tareas específicas.

Para cada categoría, es recomendable establecer un patrón de título descriptivo que identifique claramente el tipo de compromiso. Por ejemplo, puedes usar el prefijo "SEMANAL", seguido del asunto/motivo/título para tus reuniones fijas semanales; "RÁPIDA" para reuniones rápidas y tratamientos de asuntos específicos; "URGENTE" para compromisos prioritarios; incluso tus "BLOQUEOS" o "INTERVALOS" deben estar resaltados y debidamente identificados, todo esto para una mejor visualización y análisis rápido de cómo se distribuye tu agenda a lo largo de un día.

Asignar colores diferentes a cada categoría también es una práctica valiosa. Los colores son una forma visual efectiva de clasificar y distinguir rápidamente los compromisos. Puedes elegir colores que reflejen la naturaleza de los compromisos o incluso colores que sean fáciles de distinguir rápidamente.

Por ejemplo, puedes usar verde para las reuniones semanales fijas, rojo para los compromisos urgentes, azul para las reuniones externas y amarillo para las reuniones de retroalimentación o 1:1. Lo importante no es el color en sí, sino la lógica establecida para diferenciar tipos de eventos y su fácil comprensión.

Esta organización visual hace que tu agenda sea más amigable y ayuda a mejorar la eficiencia en tu planificación diaria. Con solo un vistazo a la agenda, podrás identificar qué compromisos tienen prioridad, cuáles involucran a colegas internos o externos y cuáles son reuniones de seguimiento. Esta rapidez en la interpretación de los compromisos ahorra tiempo y evita confusiones en tu programación.

PRACTICA

27. Utiliza diferentes patrones de títulos y colores según el tipo de compromiso.

NADA   MUY POCO   POCO   MUCHO   MÁXIMO

MARCA EL ÍCONO DEL QUE PARTES PARA CONOCER TU PROGRESO

- Cambia los títulos y colores de tus citas según la categoría establecida. Necesitas identificar fácilmente cuáles son tus actividades en el día solamente con mirar la agenda.
- Compromisos urgentes, principalmente, necesitan destacarse entre los demás

28. Mantén tu agenda abierta y "pública"

Esta es una táctica valiosa para mejorar aún más tu eficiencia y evitar pérdidas de tiempo innecesarias. Al hacer visible tu agenda para las personas que necesitan programar compromisos contigo, simplificas el proceso de programar encuentros y evitas la sobrecarga de comunicaciones para verificar tu disponibilidad. Además, al compartir enlaces para programar citas, permites que otros participantes también se organicen según los horarios disponibles. Es más fácil para todos.

Las aplicaciones y servicios de calendario modernos te permiten compartir tu agenda selectivamente, definiendo qué información pueden ver diferentes grupos de personas. Esta funcionalidad es especialmente útil para equipos de trabajo, clientes, socios comerciales o incluso amigos y familiares que necesitan programar compromisos contigo.

Al hacer que tu agenda sea "pública", estás alentando a las personas a ser más autónomas en lo que respecta a la programación de reuniones o encuentros. En lugar de depender de ti para proporcionar tus horarios disponibles y coordinar cuándo sería factible para ambos, simplemente pueden acceder a tu agenda, comprobar los espacios adecuados para llevar a cabo las actividades y programar directamente cuando les convenga mejor.

Esto ahorra tiempo y reduce la necesidad de responder constantemente a solicitudes de disponibilidad. Además, te permite mantener el control sobre tus períodos de enfoque y disponibilidad, evitando que tu agenda se llene de compromisos que puedan interrumpir tus rutinas o intervalos dedicados a tareas importantes.

Es crucial destacar, sin embargo, que la privacidad sigue siendo un factor relevante. Especialmente cuando se trata de información delicada o compromisos personales, es esencial configurar adecuadamente los permisos de visualización de tu agenda, asegurando que solo se compartan las informaciones apropiadas con cada grupo de personas.

Recuerda que esta práctica no solo te beneficia a ti, sino que también proporciona una experiencia más fluida y conveniente para aquellos que interactúan contigo. Al implementar esta estrategia, estableces un entorno más colaborativo y eficiente, donde todos pueden encontrar oportunidades para conectarse y colaborar de manera optimizada, sin la pérdida de tiempo y energía en comunicaciones innecesarias.

28

PRACTICA

28. Mantén tu agenda abierta y "pública".

NADA   MUY POCO   POCO   MUCHO   MÁXIMO

MARCA EL ÍCONO DEL QUE PARTES PARA CONOCER TU PROGRESO

- Haz que tu calendario sea "público".
- Revisa la configuración de privacidad, lo que permite que personas vean los espacios disponibles, pero no el contenido de otras citas.
- Comparte con colegas internos, clientes, socios, amigos y familiares, sus respectivos enlaces de programación.

29. No cambies ni canceles eventos el mismo día, y mucho menos a última hora

Así como la puntualidad, no cambiar ni cancelar eventos en el último momento o en el mismo día es más que un hábito, es una práctica de respeto y responsabilidad tanto hacia las otras personas involucradas como hacia nosotros mismos.

Cuando colocamos todo en nuestra agenda y organizamos cuidadosamente nuestro tiempo, cualquier cambio repentino puede causar un verdadero desequilibrio en nuestros compromisos, planificación de actividades, perjudicar la productividad e incluso el bienestar general.

Entiendo que pueden surgir emergencias o situaciones inesperadas que requieran cambios en los compromisos. Sin embargo, es fundamental establecer un criterio claro para evaluar la gravedad de estas circunstancias antes de efectuar cambios en el último momento. Adoptar una política de cancelación solo en casos realmente urgentes e inaplazables demuestra compromiso y respeto por el tiempo de las demás personas involucradas.

A menudo, estos cambios ocurren, por ejemplo, con reuniones fijas, como aquellas que se realizan semanalmente. El hecho de que sea un evento recurrente no es excusa para cancelaciones o cambios frecuentes, entendiendo que "nos reunimos todas las semanas".

Tales encuentros pretenden crear una rutina consistente y garantizar que todas las partes involucradas puedan prepararse adecuadamente para la interacción. Por lo tanto, los cambios inesperados pueden causar confusión, interrumpir la dinámica de trabajo y perjudicar la eficiencia. Si el evento ya ha perdido su propósito, como discutimos anteriormente, cancela o espacia las reuniones, pero no es motivo para cancelar a último momento.

Como se mencionó antes, el tiempo asignado para un evento programado no se puede recuperar o reemplazar fácilmente. Ese tiempo se reservó de manera cuidadosa y estratégica para la realización de esa actividad específica, y cambiarlo puede tener un efecto negativo en otros compromisos.

Por lo tanto, si es realmente necesario reprogramar o cancelar un evento, lo ideal es hacerlo con la mayor anticipación posible. Tratar de notificar con al menos un día de anticipación a todas las partes involucradas, brinda la oportunidad de ajustar la agenda y reorganizar las actividades de manera más eficiente, demostrando respeto hacia todos.

PRACTICA

29. No cambies ni canceles eventos el mismo día, y mucho menos a última hora.

NADA — MUY POCO — POCO — MUCHO — MÁXIMO

MARCA EL ÍCONO DEL QUE PARTES PARA CONOCER TU PROGRESO

- Si necesitas cancelar o cambiar un evento, comunícate directamente con los participantes e informa de la situación. No te límites a cambiar la invitación.
- Cuando necesites cancelar o cambiar una reunión, revisa los horarios de todos y propón un nuevo día y hora.
- Si tienes un evento fijo recurrente, solo cámbialo en caso de emergencia. Nunca por "conflicto" con otros compromisos.

30. ¿Está apuntado? ¡Asiste! Un compromiso es un compromiso

La propia palabra "compromiso" define intrínsecamente la naturaleza de lo que insertamos en nuestra agenda. No es una elección, es una garantía que debe cumplirse. Cuando reservamos un compromiso, automáticamente asumimos la obligación de asistir. Esta actitud es una clara demostración de responsabilidad, dedicación y consideración tanto hacia los eventos en cuestión como hacia las demás personas involucradas. Esta mentalidad es un pilar fundamental para establecer una cultura basada en la puntualidad, confiabilidad y eficacia en la ejecución de tareas e interacciones profesionales.

Cuando concertamos un compromiso con alguien, ya sea una reunión, un encuentro o cualquier otra actividad, estamos estableciendo un pacto de que estaremos presentes y disponibles en el horario y la fecha establecidos. El simple hecho de estar en la agenda indica que nos hemos comprometido a asistir. En este sentido, la confirmación previa no debería ser necesaria ni una premisa para reafirmar lo que se estableció previamente.

Esta actitud resalta la importancia de tomar en serio nuestros compromisos y tratar el tiempo de otras personas con el mismo respeto que deseamos recibir. Cancelar o no asistir a un compromiso programado puede generar frustración y desperdicio de tiempo para todas las partes involucradas.

Es común ver a personas que programan eventos con otras y, en la hora señalada, no asisten sin ninguna explicación. El hábito de confirmar la disponibilidad antes del evento puede ser útil en algunas situaciones, pero no una vez que se haya agendado. Especialmente en lo que respecta a compromisos profesionales, es importante comprender que la programación ya es una confirmación explícita.

En el caso de las agendas en línea, como se mencionó, aceptar o rechazar los eventos recibidos es una práctica de comunicación eficiente. Al aceptar el evento, estás confirmando tu disponibilidad y compromiso de asistir. Al rechazarlo, la otra parte se entera de que no podrás estar presente en ese horario, lo que le permite hacer nuevos arreglos si es necesario.

Al respetar los compromisos y la disponibilidad de los demás, contribuyes a una comunicación más clara y eficiente, ahorras tiempo y garantizas que todos puedan cumplir sus tareas y actividades de manera productiva y armoniosa. Mantén esta mentalidad y colabora en una cultura de puntualidad y respeto en tus interacciones profesionales.

30

PRACTICA

30.¿Está apuntado? ¡Asiste! Un compromiso es un compromiso.

- ¡Programaste, asiste!
- No esperes una nueva confirmación más cerca del evento. Si está en la agenda, está confirmado. Estate presente.
- Puedes usar la configuración de recordatorios para el día anterior o momentos antes con el fin de prepararte para el evento.

MENOS DESPERDICIO, MÁS ENFOQUE: HÁBITOS SOBRE RUTINA DIGITAL

31. Deja la computadora en modo "hibernación" o programa que se encienda automáticamente

Iniciar el día de trabajo con la computadora lista para su uso es un hábito sencillo, pero que puede marcar toda la diferencia en la productividad y eficiencia de tu día. Al dejar la computadora en "hibernación" o programarla para encenderse automáticamente, ahorras tiempo valioso que de otra manera se gastaría esperando a que el sistema se arranque y se actualice. Esta pequeña medida evita contratiempos justo al comienzo del día y te permite empezar tus actividades de inmediato, sin interrupciones.

La programación de la computadora para que se encienda automáticamente es una función muy útil y fácil de configurar. Solo necesitas acceder a las configuraciones del sistema operativo y encontrar la opción "encendido automático" o "programar comienzo".

En ese momento, puedes elegir el horario que mejor se adapte a tu rutina, por ejemplo, treinta minutos antes de que empiece tu jornada laboral. De esta manera, al llegar a tu lugar de trabajo o comenzar a trabajar desde casa, la computadora estará lista para usar, ahorrándote tiempo y evitando la molestia de esperar a que el sistema se arranque.

Otro punto importante es la gestión de las actualizaciones del sistema. A menudo, estas se programan automáticamente en momentos inoportunos, como durante la jornada laboral. Sin embargo, puedes configurar las actualizaciones para que se instalen en momentos que no interfieran con tu rutina, como la madrugada o los fines de semana. Esto asegura que la computadora esté siempre actualizada y protegida, sin causar interrupciones en tu día laboral.

Esta medida brinda una rutina más fluida y productiva, permitiéndote concentrarte en tus actividades sin perder tiempo en contratiempos tecnológicos. Además, al adoptar esta práctica, demuestras preocupación por optimizar tu tiempo y una planificación consciente de tus actividades. Esta organización se refleja en tu actitud profesional y puede ser percibida por tus colegas y superiores.

La capacidad de anticipar posibles problemas y evitar contratiempos muestra proactividad y responsabilidad, características muy valoradas en cualquier entorno laboral. Aprovecha esta facilidad que ofrecen los sistemas operativos y convierte tu día en algo más productivo y tranquilo.

PRACTICA

31. Deja la computadora en modo "hibernación" o programa que se encienda automáticamente.

NADA   MUY POCO   POCO   MUCHO   MÁXIMO

MARCA EL ÍCONO DEL QUE PARTES PARA CONOCER TU PROGRESO

- Mantén la computadora encendida en "hibernación" o configúrala para que se encienda automáticamente, al menos treinta minutos antes de la hora de trabajo.
- Configura rutinas de actualización del sistema para horas fuera de horario: temprano en la mañana, fin de semana. O mantener como actualización manual.

32. Configura los programas y aplicaciones que usas a diario para que se abran automáticamente

Configurar los programas y aplicaciones que utilizamos a diario para que se abran automáticamente es una práctica inteligente y conveniente. Al programar estas herramientas para que inicien junto con el sistema operativo, optimizamos el tiempo y evitamos olvidar abrir aplicaciones esenciales para nuestro trabajo o rutina.

Imagina encender la computadora y que automáticamente todas las herramientas que necesitas para realizar tus tareas ya estén abiertas y listas para usar. Esto elimina la necesidad de buscar cada programa individualmente, hacer clic en sus íconos y esperar a que se carguen. La agilidad y eficiencia que proporciona esta configuración aseguran que comiences el día laboral enfocado completamente en tus actividades, sin desperdiciar tiempo en acciones repetitivas.

Esta práctica es especialmente útil para profesionales que trabajan con una variedad de herramientas y aplicaciones específicas para sus actividades. Por ejemplo, si eres diseñador gráfico, puedes configurar el *software* de edición de imágenes para que se abra automáticamente. Si eres desarrollador de *software*, puedes configurar el entorno de programación para que inicie junto con el sistema. Si eres gerente de proyectos, puedes configurar la plataforma de gestión de proyectos para que se abra automáticamente. Cada profesional tiene sus herramientas de trabajo indispensables, y configurarlas para que se abran automáticamente hace que el proceso de preparación para el trabajo sea mucho más eficiente.

Además, esta configuración evita olvidar abrir alguna herramienta importante. A veces, cuando estamos abrumados por tareas o preocupaciones, es fácil pasar por alto alguna aplicación esencial para nuestro trabajo. Al automatizar este proceso, nos aseguramos de que todas las herramientas que necesitamos estén listas para usar, sin interrupciones ni retrasos. Esta práctica sencilla genera beneficios significativos en términos de productividad y eficiencia.

Sin embargo, a medida que el tiempo avanza, es posible que comencemos a utilizar nuevas herramientas o dejemos de usar otras que antes eran esenciales. Por lo tanto, es recomendable revisar regularmente la lista de aplicaciones que se abren automáticamente y eliminar aquellas que ya no son necesarias para optimizar el tiempo y asegurarnos de que estamos siempre listos para el trabajo.

32

PRACTICA

32. Configura los programas y aplicaciones que usas a diario para que se abran automáticamente.

NADA   MUY POCO   POCO   MUCHO   MÁXIMO

MARCA EL ÍCONO DEL QUE PARTES PARA CONOCER TU PROGRESO

- Configura los principales programas que utilizas para iniciar con el sistema operativo.
- Revisa constantemente si todo lo que tienes abierto es realmente necesario.
- Ordena las aplicaciones por tipo y prioridad; deja algunas minimizadas en caso de que uses muchos programas al mismo tiempo. Es importante abrir lo que necesitas, pero en orden y sin contaminación visual.

_____

_____

_____

_____

_____

_____

_____

_____

_____

_____

_____

33. Agrega todos los sitios web que usas a diario como favoritos para que se abran al arrancar

Dejar todos los sitios *web* que utilizamos a diario como favoritos y configurarlos para que se abran automáticamente con el navegador es una práctica altamente eficiente para aumentar la productividad en el entorno laboral. Al adoptar esta estrategia, optimizamos el tiempo y simplificamos la forma en que accedemos a la información y herramientas necesarias para llevar a cabo nuestras actividades diarias.

La idea es sencilla: identificamos los sitios *web* que visitamos con frecuencia para obtener información, realizar tareas o acceder a recursos relevantes. Estos pueden ser aplicaciones de correo electrónico, herramientas de productividad, plataformas de gestión de proyectos, entre otros. Luego, agregamos estos sitios *web* a los favoritos de nuestro navegador y configuramos el navegador para que los abra automáticamente cuando lo arrancamos.

Esta práctica conlleva numerosos beneficios. En primer lugar, ahorramos tiempo y energía al eliminar la necesidad de escribir las direcciones de los sitios *web* cada vez que necesitamos acceder a ellos. Con un simple clic en el ícono del favorito, tenemos acceso inmediato a la información o funcionalidad deseada. Además, al abrir los sitios *web* automáticamente, creamos un entorno de trabajo organizado y personalizado.

Tener los sitios más relevantes y utilizados al inicio del navegador hace que el flujo de trabajo sea más fluido e intuitivo. No necesitamos buscar los enlaces que necesitamos ni recordar las direcciones de memoria. La rapidez y facilidad de acceso a los recursos fomentan la concentración y el enfoque en las actividades principales.

Sin embargo, al igual que con la configuración de programas y aplicaciones, es importante realizar una revisión periódica de los sitios *web* agregados a los favoritos y asegurarse de que todos sigan siendo importantes y empleados con frecuencia. A medida que cambian las demandas y prioridades, es posible que sea necesario agregar nuevos favoritos o eliminar aquellos que ya no son necesarios.

Esta práctica también ayuda a evitar distracciones y a mantener el enfoque en lo que realmente importa. Al abrir automáticamente los sitios *web* necesarios para el trabajo, reducimos la tentación de navegar por otras páginas o perder tiempo en contenido irrelevante durante la jornada laboral. Esto contribuye a la eficiencia y a mantener un entorno de trabajo más productivo.

PRACTICA

33. Agrega todos los sitios web que usas a diario como favoritos para que se abran al iniciar.

NADA   MUY POCO   POCO   MUCHO   MÁXIMO

MARCA EL ÍCONO DEL QUE PARTES PARA CONOCER TU PROGRESO

- Selecciona los sitios principales que necesitas para hacer tu trabajo y guárdalos como favoritos.
- Organiza tus marcadores por categorías y carpetas. Esto hace que sea fácil encontrar lo que necesita fácilmente.
- Configura los marcadores principales para que se arranquen automáticamente con el navegador. Evita escribir cada uno o hacer clic en cada página.

34. Usa pestañas fijas o grupos en el navegador para mejor visualización

Además de marcar como favoritas las páginas que más utilizas, otro recurso disponible en los navegadores es el de fijar algunas pestañas esenciales, así como agruparlas, lo que es una recomendación valiosa para mejorar la organización y la visualización de las pestañas. Muchos navegadores modernos ofrecen estas funcionalidades, lo que te permite tanto fijar páginas como crear grupos temáticos de pestañas relacionadas. Esta práctica es particularmente útil cuando lidiamos con varias páginas que pertenecen a un mismo contexto o tarea específica.

Al fijar una pestaña en el navegador, la mantienes "inmóvil", lo que significa que permanecerá abierta incluso cuando cierres otras pestañas o reinicies el navegador. Este recurso es particularmente útil para las páginas que usas con frecuencia y necesitas tener abiertas todo el tiempo, como tu agenda, lista de tareas, un sistema de gestión de tareas, tu bandeja de entrada de correo electrónico o un panel de control de proyectos.

Sin embargo, es importante considerar que, al fijar pestañas, la visibilidad de los nombres de cada una se reduce, por lo que debes evaluar cuidadosamente cuáles deben estar fijas. Tener entre tres y cinco pestañas fijas, como máximo, es ideal para evitar perder tiempo buscando una pestaña cuya ubicación no recuerdas.

Otra opción es agrupar pestañas, lo que te permite reducir el desorden en la barra de pestañas y facilita el cambio entre diferentes conjuntos de pestañas según sea necesario. Por ejemplo, si estás trabajando en un proyecto específico, puedes agrupar todas las pestañas relacionadas con ese proyecto en un solo grupo. De esta manera, puedes alternar rápidamente entre las pestañas relevantes para ese proyecto, manteniendo las demás pestañas separadas y organizadas.

La creación de grupos de pestañas también sirve para separar tus actividades personales de las profesionales. Puedes agrupar las pestañas relacionadas con el trabajo en un grupo y las pestañas relacionadas con actividades personales en otro. Esto ayuda a mantener el enfoque y evita la confusión entre las tareas personales y profesionales. Además, puedes crear intervalos para navegar entre estos grupos, evitando que afecten negativamente lo que estás produciendo.

Al combinar el uso de pestañas fijas para las páginas esenciales y el agrupamiento de pestañas para las actividades relacionadas, puedes optimizar tu experiencia de navegación y aumentar tu productividad. Estas prácticas ayudan a mantener organizada la barra de pestañas, lo que hace más sencillo y eficiente encontrar las páginas importantes para tu trabajo y tus actividades personales. Con solo hacer algunos ajustes en el navegador, puedes transformar la forma en que gestionas y navegas entre tus pestañas, ahorrando tiempo y energía durante tu rutina en línea.

PRACTICA

34. Usa pestañas fijas o grupos en el navegador para mejor visualización.

MARCA EL ÍCONO DEL QUE PARTES PARA CONOCER TU PROGRESO

- Fija las cinco páginas principales necesarias para sus rutinas, trabajo, gestión de actividades.
- A lo largo del día y del desarrollo de tus actividades, crea grupos de pestañas relacionadas, por ejemplo: redes sociales, mensajes, noticias, gestión de tareas; según sea necesario para tu trabajo.

35. Guarda tus contraseñas. ¡No necesitas memorizarlas!

Con el creciente número de sitios web y aplicaciones que forman parte de nuestra rutina diaria, recordar todas las contraseñas de manera segura y efectiva se ha vuelto casi imposible. La lucha por recordar una gran cantidad de nombres de usuario y contraseñas puede consumir un tiempo valioso y generar frustración.

¿Alguna vez has necesitado acceder a un sistema o página específica y has perdido varios minutos intentando diferentes combinaciones de contraseñas posibles? ¿O has intentado recordar qué contraseña habías establecido en esa ocasión? Quizás, incluso, has buscado frenéticamente en diferentes archivos para encontrar una lista de contraseñas y credenciales. Estas situaciones son comunes, y es en este contexto las herramientas de almacenamiento seguro de contraseñas emergen como una solución práctica y confiable.

Afortunadamente, muchos sistemas operativos y navegadores ofrecen la conveniencia de guardar contraseñas de forma automática, lo que te permite acceder a tus sitios web y aplicaciones favoritas sin tener que ingresar tus credenciales cada vez. Además, existen programas especializados en la gestión de contraseñas que protegen tus datos mediante cifrado avanzado, agregando una capa extra de seguridad.

Aunque algunas personas puedan sentir aprensión respecto a almacenar contraseñas de esta manera, es importante destacar que la seguridad de estas herramientas se mejora constantemente para proteger tu información personal. La mayoría de ellas utilizan cifrado avanzado y autenticación de dos factores para asegurar que tus contraseñas permanezcan seguras e inaccesibles para los intrusos.

Al optar por usar un administrador de contraseñas, puedes crear contraseñas sólidas y complejas para cada sitio sin tener que memorizarlas. Esto fortalece tus cuentas contra posibles ataques de hackers y refuerza la protección de tu información personal y profesional. Además, existe la posibilidad de agregar datos biométricos, como el uso de huellas dactilares en teléfonos móviles y algunos teclados disponibles, lo que aumenta aún más la seguridad de tus datos.

Además, la función de autocompletar ahorra una cantidad considerable de tiempo al eliminar la necesidad de ingresar repetidamente tus contraseñas. Esta conveniencia contribuye a aumentar la productividad y la eficiencia, permitiéndote concentrarte en las actividades que realmente importan y mejorando significativamente tu experiencia en línea.

Ante esto, aprovecha al máximo estas herramientas disponibles para simplificar tu rutina digital y reservar más tiempo para actividades verdaderamente significativas y placenteras. Con una gestión efectiva de contraseñas, puedes disfrutar de Internet con tranquilidad y aprovechar tu tiempo de manera inteligente.

PRACTICA

35. Guarda tus contraseñas. ¡No necesitas memorizarlas!

NADA MUY POCO POCO MUCHO MÁXIMO

MARCA EL ÍCONO DEL QUE PARTES PARA CONOCER TU PROGRESO

- Guarda tus contraseñas a través de su sistema operativo o herramientas del navegador.
- Utiliza aplicaciones de seguridad para una mayor privacidad y encriptación de tus datos, asegurándote de que está protegido contra el acceso no autorizado.

36. Usa programas/aplicaciones "nativos" del sistema operativo

Utilizar programas y aplicaciones nativos del sistema operativo aporta diversos beneficios que mejoran la experiencia del usuario y la eficiencia en el trabajo. Al optar por *software* desarrollados específicamente para el sistema operativo que estás utilizando, obtienes una integración más completa con el entorno en el que estás trabajando.

Una de las ventajas más significativas es el acceso más rápido y directo a las funcionalidades de los programas. Con las aplicaciones nativas, puedes acceder a las herramientas y recursos con solo unos clics, sin necesidad de abrir el navegador y buscar la página específica. Esto ahorra tiempo y hace que las tareas sean más ágiles y prácticas.

Además, los programas nativos suelen ofrecer una interfaz más amigable e intuitiva, diseñada para integrarse perfectamente con el sistema operativo. Esto significa que tendrás una experiencia más fluida y agradable al utilizar estas aplicaciones, sin elementos innecesarios que puedan distraerte o comprometer la usabilidad.

Otro aspecto importante es la mayor personalización y control sobre las notificaciones y el acceso a los datos. Al utilizar aplicaciones nativas, puedes establecer tus preferencias de alerta, asegurándote de recibir solamente la información relevante y no ser abrumado con mensajes innecesarios. Además, la integración con el sistema operativo permite un acceso más seguro a los datos y una mejor protección de tu privacidad.

La estabilidad y el rendimiento también son ventajas de los programas nativos. Estas aplicaciones están diseñadas para funcionar de manera optimizada en el sistema operativo, lo que proporciona un rendimiento más rápido y confiable. Esto evita bloqueos y ralentizaciones que pueden ocurrir al utilizar aplicaciones basadas en navegadores.

Otra cuestión importante es la disponibilidad sin conexión. Muchas aplicaciones nativas te permiten trabajar sin conexión a Internet, accediendo y editando datos incluso cuando no estás *online*. Esto es especialmente útil cuando necesitas realizar tareas en lugares con conexión limitada o inexistente.

Al utilizar programas y aplicaciones nativas del sistema operativo, aseguras una experiencia de uso más integrada, rápida, segura y personalizada. Este simple cambio puede aumentar tu productividad, mejorar la usabilidad y hacer que tus tareas diarias sean más eficientes y agradables.

36

PRACTICA

36. Usa programas/aplicaciones "nativos" del sistema operativo.

| NADA | MUY POCO | POCO | MUCHO | MÁXIMO |

MARCA EL ÍCONO DEL QUE PARTES PARA CONOCER TU PROGRESO

- Da preferencia a las aplicaciones nativas. Configura tu correo electrónico en el programa de su sistema operativo, no lo uses en el navegador, por ejemplo. Este y otros programas.
- Configura, principalmente, qué tipo de notificaciones debes o no recibir según el tipo de trabajo y necesidad que tengas.

37. Elimina las notificaciones sonoras y tipo *pop-up* (previsualizaciones) de los programas

Eliminar las notificaciones sonoras y *pop-up* de los programas es una estrategia efectiva para mantener el enfoque y la productividad durante la rutina de trabajo. Estas interrupciones constantes pueden ser muy molestas y entorpecer el desarrollo de las tareas, especialmente cuando se trata de actividades que requieren concentración y atención.

Al retirar las notificaciones sonoras, evitas ser interrumpido constantemente por sonidos que demandan tu atención. El ruido de las alertas puede ser muy perturbador, interrumpiendo tu flujo de trabajo y dificultando el proceso de volver a concentrarte en las tareas después de la interrupción. La ausencia de sonidos también contribuye a crear un ambiente de trabajo más tranquilo y propicio para la concentración.

Además, desactivar las vistas previas de *pop-up* evita que veas el contenido del mensaje antes de decidir si lo vas a responder o no. La vista previa puede ser tentadora, llevándote a interrumpir inmediatamente lo que estás haciendo para verificar la notificación, incluso si no es urgente. Al eliminar esta vista previa, evitarás el impulso de revisar todos los mensajes de inmediato, lo que puede aumentar la productividad y reducir las distracciones.

Una alternativa es configurar las notificaciones para que aparezcan solo como un símbolo o un recuento numérico en el icono del programa. De esta manera, aún podrás tener una idea de cuántas notificaciones han llegado, pero no te distraerás con el contenido específico de cada una de ellas.

Además, es importante establecer momentos específicos para verificar las notificaciones y responder a los mensajes, en lugar de hacerlo constantemente a lo largo del día. Define intervalos para comprobarlas, como al comienzo de la mañana, después del almuerzo y al final de la jornada laboral, u otros momentos convenientes. Esto te permitirá mantener el control sobre las comunicaciones sin permitir que dominen tu día laboral.

Al adoptar estas medidas para reducir las notificaciones, tendrás un mayor control sobre tu entorno de trabajo, podrás concentrarte en las tareas cruciales y lograr una mayor eficiencia en tus actividades diarias. La ausencia de distracciones innecesarias te permitirá trabajar de manera más productiva y alcanzar tus objetivos con mayor facilidad.

PRACTICA

37. Elimina las notificaciones sonoras y tipo *pop-up* (previsuali-
zaciones) de los programas.

NADA   MUY POCO   POCO   MUCHO   MÁXIMO

MARCA EL ÍCONO DEL QUE PARTES PARA CONOCER TU PROGRESO

- Elimina notificaciones de sonido de programas y aplicaciones.
- Elimina las notificaciones de tipo *pop-up* y mantén solo las de recuento numérico.
- Establece una rutina de revisión de aplicaciones para leer y responder a los mensajes y alertas.

38. Utiliza una aplicación de tareas/ checklists. Revisa qué hacer durante el día

Utilizar una aplicación de tareas o *checklists* para organizar el día es un hábito altamente efectivo para mejorar la productividad y la organización personal. Anotar todas las actividades y compromisos que necesitas realizar a lo largo del día proporciona una visión clara y detallada de todo lo que debe hacerse, evitando olvidos y ayudando a gestionar mejor el tiempo.

Al listar todas las tareas del día, puedes priorizar las más importantes y urgentes, asegurándote de que se completen a tiempo. Además, esta práctica también ayuda a evitar la sobrecarga de trabajo, ya que puedes visualizar cuántas actividades tienes para el día y distribuirlas de manera más equilibrada a lo largo del período.

Otra ventaja de usar una aplicación de tareas es la posibilidad de crear *checklists* para proyectos más grandes o tareas más complejas. Esto te permite dividir la tarea en etapas más pequeñas y hacer un seguimiento del progreso a medida que se completa cada etapa. Este método es especialmente útil para proyectos que involucran múltiples actividades y pueden extenderse durante varios días o semanas.

Además, la práctica de listar todas las actividades del día también ayuda a reducir la sensación de sobrecarga mental, puesto que no necesitas recordar constantemente todo lo que debes hacer. Con todas las tareas registradas en una aplicación, puedes relajarte un poco sabiendo que no olvidarás nada importante.

Otro consejo es revisar la lista de tareas periódicamente, idealmente de manera continua o, al menos, al comienzo, a la mitad y al final del día, para verificar si todas las actividades han sido completadas y para planificar el día siguiente. Esta práctica de revisión ayuda a mantener el enfoque en las prioridades y a hacer ajustes en la programación según sea necesario.

Existen varias aplicaciones disponibles para este propósito, y cada persona puede elegir la que mejor se adapte a sus necesidades y preferencias. Algunas aplicaciones ofrecen características adicionales, como recordatorios, categorización de tareas, integración con calendarios, entre otras, lo que puede facilitar aún más el proceso de organización.

Al adoptar esta práctica, tendrás más control sobre tus actividades diarias, podrás priorizar las tareas relevantes y lograr una mayor eficiencia en tus tareas cotidianas. Experimenta con este enfoque y observa cómo puede marcar la diferencia en tu rutina y resultados.

38

PRACTICA

38. Utiliza una aplicación de tareas/*checklists*. Revisa qué hacer durante el día.

- Elimina notificaciones de sonido de programas y aplicaciones.
- Elimina las notificaciones de tipo *pop-up* y mantén solo las de recuento numérico.
- Establece una rutina de revisión de aplicaciones para leer y responder a los mensajes y alertas.

39. Acelera y mira videos a, al menos, 1.25x de velocidad

La aceleración de la velocidad en los videos es una estrategia altamente recomendada para optimizar el tiempo y aumentar la productividad. Al ver contenido a al menos 1.25 veces la velocidad normal, es posible ahorrar al menos un 25 % del tiempo que normalmente se dedicaría.

La gran ventaja de este método es que, aunque la reproducción del video sea más rápida, la comprensión del contenido no se ve significativamente perjudicada. Esto se debe a que, al ver un video, nuestros sentidos de la vista y el oído están involucrados simultáneamente, lo que permite que el cerebro procese la información de manera más eficiente y rápida. Esta sinergia entre los sentidos compensa la velocidad aumentada, lo que posibilita seguir el contenido sin mayores dificultades.

Esta técnica es especialmente útil al ver clases, conferencias, cursos en línea o cualquier contenido en formato de video que requiera un tiempo significativo. El ahorro de tiempo es sustancial, lo que te permite absorber una mayor cantidad de información en un período más corto.

Experimenta aplicar esta técnica en diversas áreas de tu vida. En tus estudios, por ejemplo, puedes ver clases grabadas a una velocidad acelerada, asimilando el contenido de manera eficiente y dejando más tiempo libre para repasos u otras actividades. En el entorno laboral, al ver reuniones grabadas o capacitaciones, esta práctica también resulta beneficiosa, permitiéndote actualizarte rápidamente y dedicar más tiempo a tareas importantes.

Además de los beneficios del ahorro de tiempo, la aceleración de vídeos también puede ser un recurso valioso para el entretenimiento. Al consumir contenido de ocio, puedes acelerar la reproducción de películas, series o videos divertidos, aprovechando más contenido en menos tiempo.

Al aplicar esta técnica de aceleración de videos, no solo optimizas tu tiempo, sino que también mejoras tu eficiencia general. La habilidad de absorber información de manera más rápida y concentrada te permite lograr más en un período más corto. Esta estrategia inteligente de gestión del tiempo no solo libera momentos relevantes para actividades adicionales, sino que también realza tu capacidad de llevar a cabo más tareas en menos tiempo. Considera adoptar este enfoque en tu rutina y experimenta los beneficios tangibles que puede proporcionar a tu vida diaria.

PRACTICA

39. Acelera y mira videos a, al menos, 1.25x de velocidad.

NADA   MUY POCO   POCO   MUCHO   MÁXIMO

MARCA EL ÍCONO DEL QUE PARTES PARA CONOCER TU PROGRESO

- Registra todas tus actividades y tareas del día en una sola aplicación. No es necesario lanzar tareas que ya están incluidas en otros sistemas, como la gestión de proyectos, por ejemplo. Lanza todo lo que no esté registrado.
- Consulta constantemente o haz visibles tus tareas en todo momento. Va eliminando/tachando las que se han completado.

40. Reduce la velocidad y escucha audios a 1.0x de velocidad

Aprovechar los mensajes de voz a su velocidad natural (1.0x) es una estrategia que merece atención y comprensión, diferenciándose del enfoque de acelerar videos. La principal distinción radica en los sentidos involucrados en el proceso de absorción de contenido.

Al escuchar un audio o mensaje de voz, el enfoque es exclusivamente auditivo, en contraste con la experiencia de ver videos, que involucra tanto la vista como el oído. Esta diferencia es crucial, ya que al acelerar un video, la combinación de sentidos puede permitir una comprensión adecuada, incluso a velocidades aumentadas. Sin embargo, al tratar con audios, es esencial considerar la capacidad del cerebro para comprender y procesar información cuando solo un sentido, en este caso el oído, está activo.

La tentación de acelerar un audio para ahorrar tiempo debe ser evaluada con cuidado, especialmente en contextos profesionales. La velocidad aumentada puede llevar a la pérdida de detalles esenciales y dificultar la comprensión, especialmente cuando el contenido es intrincado o requiere atención concentrada. Con la ausencia de una combinación de sentidos dirigidos a la decodificación del mensaje, a menudo el resultado es distracción y la necesidad de volver a escuchar el audio, anulando el ahorro de tiempo que se buscaba lograr. ¿Cuántas veces, al escuchar notas de voz, te has distraído y has tenido que escuchar todo de nuevo? Incluso es probable que, en este momento, estés reduciendo la velocidad de reproducción para poder entender el contexto del mensaje.

Para optimizar la absorción del contenido de audio, es necesario, en primer lugar, crear un entorno libre de distracciones y ruidos. Sin embargo, como normalmente es difícil estar completamente aislado, puedes cerrar los ojos al escuchar mensajes, lo que ayuda a dirigir la atención plenamente al audio, evitando que la vista busque otros estímulos y desviaciones.

De hecho, la mejor manera de comprender y retener un mensaje de voz es tomando notas durante la escucha. Registrar palabras clave y conceptos esenciales ayuda a mantener el enfoque y mejora la comprensión, involucrando en este caso tres sentidos: el oído, la vista (a través de la escritura) y el tacto (al escribir notas).

Por lo tanto, si bien acelerar videos puede ser una estrategia útil, aplicar la misma acción a los mensajes de voz requiere una consideración más cuidadosa. Mantener la velocidad estándar (1.0x) es aconsejable para garantizar la comprensión completa del contenido y evitar el desperdicio de tiempo o fallas en la comunicación.

40

PRACTICA

40.Reduce la velocidad y escucha audios a 1.0x de velocidad.

MARCA EL ÍCONO DEL QUE PARTES PARA CONOCER TU PROGRESO

- Mira videos importantes para el desarrollo personal y profesional a 1.25x (cursos, capacitaciones, tutoriales, clases, reuniones).
- Acelera un poco más (1.5x) los videos "ordinarios" que no afectarán tu desarrollo.
- Evita quedarte atascado en videos cortos como de treinta segundos o un minuto. Por ser cortos, dan la sensación de optimización, pero generan pérdidas mayores de tiempo.

MENOS RUIDO, MÁS ENTENDIMIENTO: HÁBITOS SOBRE COMUNICACIÓN

41. Sé claro y objetivo. No dejes margen para interpretaciones

La claridad y la objetividad en la comunicación son fundamentales en todas las áreas de la vida, tanto personal como profesional. Muchas situaciones problemáticas que enfrentamos podrían haberse evitado o resuelto adecuadamente mediante una comunicación más ajustada y siendo más claro en lo que se esperaba. Transmitir un mensaje de manera clara evita interpretaciones equivocadas o malentendidos, reduciendo el ruido y asegurando que el receptor comprenda exactamente lo que se transmitió.

En el contexto corporativo, la importancia de la comunicación clara se amplía, puesto que cualquier falla en este sentido puede tener consecuencias graves e irreparables, como la pérdida de un cliente, dejar escapar una oportunidad de negocio o incluso invertir tiempo en actividades innecesarias. Todos estos son ejemplos de situaciones que pueden surgir debido a una comunicación inadecuada, así como de ser evitados mediante el ajuste de lo que se transmite.

La claridad en la comunicación no se limita únicamente al contenido de los mensajes, sino también a la elección de palabras, al tono utilizado, a la organización de ideas, además de los canales y medios que utilizamos para transmitir el contenido.

Un texto o discurso claro es aquel en el que cada palabra y frase se eligen cuidadosamente para transmitir el mensaje de manera precisa y accesible. Para garantizar la eficacia de la comunicación, es importante considerar el perfil del público objetivo, adaptar el lenguaje y el nivel de detalle del mensaje según el conocimiento y las necesidades de los destinatarios, para evitar malentendidos.

No basta con simplemente emitir el mensaje, también es fundamental asegurarse de que se haya comprendido correctamente y de si hay alguna duda por parte del interlocutor. Esta es una actitud proactiva que demuestra un interés genuino por la interacción con el otro y permite construir relaciones más sólidas y productivas, evitando conflictos y malentendidos que puedan perjudicar nuestros objetivos y actividades.

Es valioso reconocer que la claridad en la comunicación es una habilidad que se puede desarrollar y mejorar con el tiempo. El compromiso de ser claro y objetivo en la comunicación es una inversión crucial para el éxito personal y profesional. Al evitar dejar espacios para interpretaciones y buscar transmitir nuestros mensajes de manera precisa y accesible, garantizamos, sobre todo, mayores resultados y menos malentendidos.

PRACTICA

41. Sé claro y objetivo. No dejes margen para interpretaciones.

MARCA EL ÍCONO DEL QUE PARTES PARA CONOCER TU PROGRESO

- Al comunicarte, estructura tus pensamientos para ser lo más claro posible para el interlocutor.
- Ponte en el lugar del otro (receptor) para evaluar si lo que se va a comunicar será entendido correctamente por la otra parte.
- Aclara puntos sensibles del mensaje para evitar malentendidos.

41

42. Adapta el mensaje a la audiencia. Considera al receptor

Adaptar el mensaje al público es una habilidad esencial para asegurar la efectividad de la comunicación. Al considerar el diagrama de la comunicación, vemos que el proceso involucra al menos un emisor, un receptor, el mensaje, el medio y los ruidos asociados, además de varios otros factores, dependiendo del tipo de relación que estemos analizando.

Con todo esto, entendemos la importancia de considerar las características y necesidades del público receptor para lograr un resultado satisfactorio en lo que se pretende comunicar.

Cada público es único y tiene diferentes niveles de conocimiento, experiencias e intereses. Por lo tanto, es fundamental ajustar cómo transmitimos el mensaje para que sea comprendido de la mejor manera posible. Según el público objetivo, deberás adaptar tanto el contenido como la forma utilizada para lograr el objetivo.

Imagina llevar a cabo una reunión con directores de una empresa. En este contexto, es necesario abordar los temas de manera más estratégica y resumida, enfocándose en los puntos clave y la información relevante para este público. Los directores no estarán interesados en detalles operativos, sino en una visión más amplia y estratégica. Por otro lado, si nos estamos comunicando con el equipo de un área específica, podemos ser más detallados y abordar cuestiones operativas importantes para ellos.

En este caso, es importante proporcionar información más específica que pueda contribuir directamente a su trabajo: el uso de un lenguaje técnico común para los miembros del equipo, por ejemplo, será fácilmente comprensible, a diferencia de los niveles más estratégicos.

Además, el medio de comunicación también influye en la adaptación del mensaje. Si estamos enviando un correo electrónico formal, por ejemplo, debemos ser más cuidadosos con la elección de palabras y garantizar que el mensaje sea claro y objetivo. Por otro lado, en una conversación informal o en un entorno relajado, podemos utilizar un lenguaje más coloquial y menos pulido.

Adaptar el mensaje al público no significa subestimar la capacidad de comprensión de las personas, sino ajustar el contenido para que sea considerable y comprensible para cada grupo. Este enfoque respeta las diferencias individuales y facilita la absorción de la información, reduciendo posibles malentendidos o interpretaciones equivocadas.

PRACTICA

42. Adapta el mensaje a la audiencia. Considera al receptor.

NADA MUY POCO POCO MUCHO MÁXIMO

MARCA EL ÍCONO DEL QUE PARTES PARA CONOCER TU PROGRESO

- Identifica el público objetivo de tu mensaje y adáptalo siempre a su realidad.
- Estate preparado para cambiar el tono de voz, las palabras y contexto de acuerdo con su destinatario y el medio utilizado.
- No comunicar de la misma manera a diferentes perfiles de audiencia.

43. Comunicar también es escuchar. Mantente receptivo al *feedback*

Comunicarse eficazmente va más allá de simplemente transmitir información, es también una vía de doble sentido que implica escuchar activamente las respuestas y opiniones de los demás. Estar abierto y receptivo al *feedback* es una cualidad fundamental de un líder y de cualquier persona que desee mejorar su comunicación y sus acciones.

A menudo, asociamos las críticas exclusivamente con aspectos negativos. Sin embargo, es importante comprender que recibir críticas es parte integral del proceso de crecimiento, tanto a nivel personal como profesional. En lugar de ver las críticas como una amenaza, es valioso considerarlas como una oportunidad para identificar áreas de mejora y desarrollar habilidades de relación y comunicación.

Para recibir *feedback* de manera eficiente, es crucial establecer canales de comunicación que sean abiertos y seguros. Anima a las personas a compartir sus percepciones y sugerencias de manera franca y respetuosa. Fomente el diálogo y demuestra el valor que atribuyes a las opiniones de los demás, asegurándote de que sean consideradas. Tome la iniciativa de buscar el *feedback*. En lugar de esperar pasivamente, solicita activamente las opiniones de los demás.

Además, es fundamental estar dispuesto a actuar en función de la respuesta recibida. De nada sirve recopilar opiniones si no hay disposición para hacer ajustes y mejoras. Cuando las personas perciben que sus opiniones tienen un impacto real y se tratan con seriedad, la dinámica del equipo se fortalece. La confianza y el compromiso florecen, creando un ambiente en el que todos se sienten valorados y son parte integral del proceso. Esto no solo estimula la colaboración, sino que también aumenta la motivación para buscar constantemente la excelencia.

La escucha activa es una habilidad que debe ser cultivada constantemente. Significa estar presente y completamente enfocado en lo que se está diciendo, sin interrumpir ni juzgar prematuramente. Demostrar un interés genuino en las opiniones de los demás fortalece la conexión entre el equipo, promoviendo un entorno de trabajo más armonioso, colaborativo y productivo.

La manifestación de un interés genuino en las perspectivas de los demás no solo profundiza las relaciones interpersonales, sino que también fomenta un ambiente armonioso. Al promover la comprensión mutua y el respeto por las diferentes visiones, la escucha activa refuerza el sentido de colectividad. Como resultado, el lugar de trabajo se convierte en un terreno fértil para la creatividad, la innovación y la productividad conjunta, donde cada voz es valorada y contribuye al éxito general.

En el contexto de la colaboración en equipo, la elección del canal también juega un papel en la construcción de la cultura organizacional. La comunicación directa, por ejemplo, puede fomentar un sentido de cercanía y confianza entre los miembros del equipo, mientras que la comunicación escrita puede contribuir a la documentación y trazabilidad de las decisiones.

Al identificar el mejor medio o canal para cada tipo de mensaje, es posible aumentar la eficiencia y claridad de la comunicación, minimizando ruidos y malentendidos. Esto ayuda a evitar que la información importante se pierda en medio de un flujo de mensajes o que los asuntos delicados se aborden inadecuadamente.

Además, el uso adecuado de los canales de comunicación contribuye a la construcción de un entorno de trabajo más productivo y colaborativo. Cuando las personas se sienten escuchadas y bien informadas, la comunicación fluye de manera más eficiente y los equipos pueden trabajar de manera más armoniosa.

PRACTICA

44.Identifica el mejor medio o canal para cada tipo de mensaje.

Identifica los canales adecuados para cada tipo de comunicación. Una nueva tarea, solicítala por e-mail o sistema de tareas; un feedback de un colaborador, hazlo en persona o por videollamada; una pregunta sobre el progreso de una tarea, usa aplicaciones de mensajería.
- Si identificas ruido con algún mensaje/canal, intenta cambiar el medio para una comunicación más efectiva.

45. Crea canales de comunicación directa y asincrónica

La comunicación en línea es una parte indispensable del mundo corporativo actual, proporcionando agilidad y facilidad en el contacto entre equipos. Sin embargo, es importante reconocer que, en medio de esta dinámica, algunas informaciones y procesos pueden perderse, especialmente cuando las personas están enfocadas en actividades diferentes. Para optimizar la comunicación y evitar la falta de respuestas e información perdida, es esencial generar canales de comunicación directa y asincrónica.

La comunicación asincrónica se refiere a aquella que no ocurre en tiempo real, permitiendo que las personas respondan o accedan a los mensajes en momentos más convenientes para ellas. Esto es particularmente útil en entornos laborales donde los miembros del equipo pueden tener horarios diferentes o están involucrados en múltiples tareas al mismo tiempo.

Una de las formas más efectivas de comunicación asincrónica es el correo electrónico, que permite que los emisores envíen información y solicitudes a los destinatarios, y estos pueden responder cuando sea más conveniente, dentro de plazos establecidos. Otra opción valiosa son las aplicaciones de mensajería instantánea, que posibilitan la comunicación rápida y directa entre los miembros del equipo. Estas herramientas permiten producir canales o grupos específicos para diferentes equipos o proyectos, facilitando el intercambio de información relevante y manteniendo la comunicación organizada.

Al generar canales de comunicación directa y asincrónica, es importante establecer reglas claras para garantizar que los mensajes sean respondidos en un tiempo razonable y que la información compartida sea clara y completa. Esto ayuda a evitar retrasos y malentendidos, y a mantener la eficiencia de la comunicación, fomentando una cultura de respeto y consideración hacia el tiempo de trabajo de los colegas.

No obstante, es esencial entender que en la comunicación asincrónica no se deben esperar respuestas automáticas o inmediatas, respetando la rutina y la disponibilidad de los involucrados. De esta manera, se proporciona mayor flexibilidad y eficiencia, permitiendo que las personas respondan cuando estén más preparadas para hacerlo.

La comunicación asincrónica posibilita un intercambio de información más flexible y eficiente, adaptándose a los diferentes horarios y ritmos de trabajo. Al adoptar este enfoque, los equipos pueden mejorar la colaboración, evitar la sobrecarga de información y alcanzar resultados más satisfactorios en sus actividades diarias.

PRACTICA

45. Crea canales de comunicación directa y asincrónica.

| NADA | MUY POCO | POCO | MUCHO | MÁXIMO |

MARCA EL ÍCONO DEL QUE PARTES PARA CONOCER TU PROGRESO

- Utiliza aplicaciones de mensajería para producir canales de comunicación.
- Establecer reglas de "convivencia" determinando, tiempos, formas y tipos de materias que pueden ser tratadas.
- Formaliza por e-mail cuando sea necesario. Todavía es el medio más común y eficiente.

43

_____

_____

_____

_____

_____

_____

_____

_____

_____

_____

_____

_____

_____

_____

46. No supongas nada. Busca la fuente. Aclara

Al recibir indicaciones o al embarcarse en una tarea o proyecto, a menudo surge la duda sobre si existe un enfoque más efectivo para llevar a cabo las actividades y etapas del proceso. No siempre lo que se nos solicita parece ser la opción ideal desde el punto de vista de quienes están ejecutando la tarea. La visión estratégica, que naturalmente difiere de las perspectivas tácticas y operativas, puede dar como resultado discrepancias entre los miembros de estos diferentes niveles.

Sin embargo, se trata menos de cuestionar la validez de la orden recibida y más de buscar claridad. En lugar de basar nuestras decisiones en suposiciones, es prudente buscar aclaraciones y orientación de la persona que realizó la solicitud. Recurrir a la fuente original nos proporciona una comprensión más completa de lo que se espera y nos permite cumplir con precisión las expectativas. Esto, a su vez, ayuda a evitar desgaste innecesario, retrabajo y malentendidos.

Además, al buscar entendimiento directamente con la fuente, abrimos espacio para expresar nuestras preocupaciones y ofrecer ideas y sugerencias constructivas. Este diálogo no solo fortalece la comunicación entre todas las partes involucradas, sino que también puede llevar a una mejor planificación y ejecución de la acción. El intercambio de perspectivas permite alinear objetivos e identificar oportunidades de mejora, lo que ocasiona un flujo más fluido y, en última instancia, en un resultado más satisfactorio.

Del mismo modo, imagina que alguien nos comente lo que otra persona deseaba o expresó sobre nosotros en el entorno laboral. Frente a esto, es más sensato abordar directamente a la persona involucrada para aclarar los hechos y evitar malentendidos o interpretaciones equivocadas. Suposiciones sin confirmación pueden generar equívocos, dañar relaciones y comprometer la calidad del trabajo.

La búsqueda de la fuente original es una práctica esencial para evitar errores y promover una comunicación clara y asertiva. Al obtener información directamente de las personas involucradas, podemos comprender mejor los objetivos, expectativas y necesidades relacionadas con una actividad específica. Al adoptar este hábito, aseguramos que nuestro trabajo esté en línea con lo esperado, minimizando el retrabajo y optimizando el tiempo y los recursos. Además, al evitar suposiciones, construimos una cultura de comunicación abierta y transparente, fortaleciendo las relaciones interpersonales y promoviendo una atmósfera de confianza y colaboración con resultados más alineados a una postura profesional fundamentada en información concreta.

46

PRACTICA

46. No supongas nada. Busca la fuente. Aclara.

| NADA | MUY POCO | POCO | MUCHO | MÁXIMO |

MARCA EL ÍCONO DEL QUE PARTES PARA CONOCER TU PROGRESO

- ¿Tienes una idea o propuesta de cómo hacer algo diferente? Busca la fuente primaria y presenta tus argumentos. No asumas que el otro aprobará lo que se ha hecho sin conocimiento.
- Si escuchas una indicación de un tercero de lo que fue solicitado, y es posible, busca la fuente principal para confirmar lo que entendiste. Evita retrabajo.

47. Las palabras tienen consecuencias. Piensa antes de hablar

Es innegable que las palabras que elegimos tienen poderosas consecuencias. Desde la infancia, aprendemos sobre la importancia de reflexionar antes de hablar, pero curiosamente, muchos parecen aplicar este principio solo en contextos personales. En el entorno profesional, es fundamental comprender que cada interacción verbal lleva consigo una carga emocional y psicológica. La construcción de un ambiente saludable y colaborativo depende, principalmente, de cómo nos comunicamos y elegimos nuestras palabras.

Comentarios descuidados, respuestas impulsivas y *feedback* mal estructurado son ejemplos de cómo nuestras palabras pueden afectar profundamente la motivación y el rendimiento de las personas a nuestro alrededor. Un comentario negativo sobre el trabajo de un colega puede socavar su confianza y autoestima, perjudicando la colaboración y la armonía en el equipo. De la misma manera, una respuesta dada sin una consideración adecuada puede generar conflictos innecesarios y perjudicar el ambiente de trabajo en su totalidad.

Además, la falta de un entorno propicio para el diálogo afecta la dinámica del equipo. Cuando las personas perciben que las comunicaciones están impregnadas de hostilidad o falta de respeto, es probable que se vuelvan reacias a compartir ideas, expresar preocupaciones o proponer soluciones. Este temor a represalias o a no ser tomados en cuenta sofoca la creatividad y el potencial colaborativo del equipo.

Al hablar con los demás, es imprescindible pensar cuidadosamente en cómo expresar nuestras ideas. La claridad y la objetividad son fundamentales para evitar malentendidos y garantizar que el mensaje se transmita de manera eficiente. Sin embargo, además de eso, es esencial ser respetuoso con nuestros colegas en todas las situaciones. El respeto mutuo es la base para construir relaciones sólidas y armoniosas en el entorno laboral.

Por lo tanto, la conciencia sobre el impacto de nuestras palabras, no solo en el entorno laboral, es crucial para cultivar una comunicación eficiente, respetuosa y constructiva. El pensamiento previo antes de hablar no solo evita problemas y conflictos innecesarios, sino que también nos capacita para establecer relaciones más saludables y productivas con nuestros colegas de trabajo, fortaleciendo el entorno profesional y creando un ambiente propicio para el crecimiento y el logro de todos los involucrados.

PRACTICA

47. Las palabras tienen consecuencias. Piensa antes de hablar.

- Reflexiona antes de hablar. No actúes por impulso.
- Si estás en un momento agitado emocionalmente, opta por escribir y revisar antes de hablar.
- Escuche más. Cuando te encuentres en una situación delicada o discusión, permite que la otra persona hable mientras ordenas tus pensamientos.

48. Pregunta cómo el otro entendió lo que dijiste. Evita malentendidos

Como discutimos previamente, en la comunicación, la claridad y la comprensión mutua son esenciales para evitar interferencias y malentendidos. En el entorno laboral, esto se vuelve aún más crucial, ya que los desacuerdos pueden ocasionar pérdidas significativas en productividad, resultados, clientes y asociaciones.

Por lo tanto, asegurarse de que el receptor haya decodificado correctamente el mensaje es una práctica fundamental para el éxito de las interacciones en el trabajo. Es una extensión del hábito de la claridad en la comunicación, es la retroalimentación inmediata de la decodificación del mensaje.

En este contexto, preguntar al interlocutor cómo entendió lo que se dijo es una estrategia valiosa. Aunque puede parecer simple, esta acción puede marcar una gran diferencia en la calidad de la comunicación y en el logro de los objetivos deseados. ¿Cuántas veces nos esforzamos por expresar nuestras ideas de la mejor manera posible, pero no nos aseguramos de que el mensaje haya sido recibido como esperábamos?

Al preguntar abierta y genuinamente a nuestro colega o socio cómo interpretaron lo que se dijo, demostramos interés en su perspectiva y abrimos espacio para aclaraciones. Esto ayuda a identificar posibles malentendidos o lagunas en la comunicación, permitiendo realizar ajustes y garantizando una comprensión más precisa.

Además, al adoptar esta práctica de manera regular, creamos un entorno de confianza y apertura en el lugar de trabajo. Los colaboradores se sentirán más cómodos compartiendo sus percepciones y preocupaciones, lo que facilitará la resolución de problemas y el trabajo en equipo. Esta cultura de comunicación transparente y receptiva es un factor clave para impulsar la productividad y eficiencia de los equipos.

Al asegurarnos de que nuestros mensajes sean entendidos de manera correcta, establecemos una base sólida para una colaboración efectiva y el logro de metas comunes. La práctica de preguntar a los colegas si han comprendido la información transmitida demuestra la importancia que atribuimos a la comunicación asertiva y al éxito conjunto, reduciendo las interferencias y los malentendidos, aumentando la eficacia y la armonía en las relaciones laborales.

48

PRACTICA

48. Pregunta cómo el otro entendió lo que dijiste. Evita malentendidos.

NADA   MUY POCO   POCO   MUCHO   MÁXIMO

MARCA EL ÍCONO DEL QUE PARTES PARA CONOCER TU PROGRESO

- Al transmitir/solicitar algo, preguntar cómo fue entendido por la otra persona. Reduce el ruido.
- Pregunta de vez en cuando cómo va tu comunicación con los demás. Pide un *feedback* espontáneo para la mejora continua.

49. ¿La comunicación no fluye? Conéctate con la otra persona

La importancia de la comunicación en el entorno laboral es innegable, ya que las actividades profesionales raramente se realizan de manera aislada. En muchos casos, los resultados individuales están intrínsecamente vinculados a los resultados colectivos de un equipo, departamento o incluso de toda la empresa. Sin embargo, es común encontrarse con problemas derivados de la falta de comunicación entre las personas y los sectores, lo que puede generar diversos desafíos para las organizaciones.

Cuando la comunicación no fluye de manera natural, es fundamental tomar la iniciativa de buscar conexiones con los demás. Esperar que la comunicación se establezca por sí sola puede llevar a retrasos, conflictos y, en última instancia, a resultados insatisfactorios. Por lo tanto, es importante superar cualquier vacilación y dar el primer paso en la búsqueda de una comunicación más eficiente.

Un enfoque efectivo es conectarse con las demás personas a un nivel más personal. Invertir tiempo y esfuerzo en conocer mejor a los colegas, sus perspectivas, intereses y valores, puede abrir puertas para una comunicación más fluida y significativa. Encontrar puntos en común e intereses compartidos fortalece los vínculos y crea un ambiente más amigable y colaborativo. Al establecer esta conexión, las barreras que dificultan la comunicación se superan gradualmente. Esto facilita abordar no solo asuntos técnicos y rutinarios, sino también cuestiones más delicadas y desafiantes.

Esta técnica infalible de conectarse con los demás no se limita a relaciones superficiales. Es un proceso continuo de desarrollo de empatía y respeto, valorando las perspectivas y experiencias individuales de cada miembro del equipo. A medida que las conexiones se fortalecen, el entorno de trabajo se vuelve más armonioso y la comunicación fluye con mayor naturalidad, lo que a su vez aumenta la productividad y los resultados para todos.

Cuando existe confianza y comprensión mutua, las partes involucradas no solo se sienten cómodas contribuyendo, sino que también están dispuestas a escuchar atentamente y considerar las contribuciones de los demás. Las decisiones se toman de manera colectiva, basándose en una comprensión compartida de las necesidades y objetivos. Este enfoque colaborativo genera un sentido de colectividad y pertenencia, fortaleciendo aún más los vínculos entre las partes y construyendo relaciones duraderas e interacciones más efectivas.

PRACTICA

49.¿La comunicación no fluye? Conéctate con la otra persona.

| NADA | MUY POCO | POCO | MUCHO | MÁXIMO |

MARCA EL ÍCONO DEL QUE PARTES PARA CONOCER TU PROGRESO

- Cuando la comunicación no fluye, toma la iniciativa. Busque a la otra parte y establece una conexión.
- Busca colegas con poco o ningún contacto y llámalos para conversar. Conéctate con ellos en nivel profesional y también personal. Esto, sin duda, contribuirá a mejores resultados futuros.

49

50. Transmite confianza y confidencialidad

La confianza y la confidencialidad son pilares esenciales en cualquier proceso de comunicación sólida y efectiva. Tanto en las relaciones interpersonales como en el intercambio de información, la confianza desempeña un papel crucial al construir una base sólida de respeto y credibilidad entre las partes.

La confianza es especialmente importante cuando se trata de compartir información delicada o confidencial. En entornos laborales, por ejemplo, es fundamental que los empleados confíen en que sus opiniones y comentarios serán tratados con respeto y confidencialidad. Sin esta confianza, las personas pueden retraerse y evitar compartir información considerable, lo que perjudica el flujo de comunicación y dificulta la resolución de problemas y la toma de decisiones informadas.

Otro pilar esencial para una comunicación sólida es la confidencialidad. Las personas deben tener la certeza de que su información personal y profesional será tratada con discreción y protección adecuada.

Cuando la información se comparte en un entorno de confianza, se espera que se mantenga en secreto a menos que exista una razón legítima para divulgarla. Esta garantía de confidencialidad fomenta que las personas sean más abiertas y sinceras en sus interacciones, ya que saben que sus palabras y datos estarán protegidos.

La confidencialidad es especialmente relevante cuando se manejan información estratégica, como planes de negocios, secretos comerciales o información personal. La violación de la confidencialidad puede tener graves consecuencias, como la pérdida de confianza, daños a la reputación personal o empresarial e incluso acciones legales. Por lo tanto, es esencial establecer políticas claras de confidencialidad y asegurarse de que todos los miembros del equipo estén conscientes y cumplan con estas pautas.

Para los líderes, el papel de promover la confianza y la confidencialidad es aún más crucial. Al demostrar integridad, transparencia y confiabilidad en sus acciones y comunicaciones, los líderes establecen un ejemplo positivo a seguir para todo el equipo.

Al cultivar una cultura de confianza y confidencialidad, las organizaciones crean un entorno propicio para la colaboración, la innovación y el crecimiento. Las personas se sienten alentadas a compartir sus ideas, contribuciones y preocupaciones, sabiendo que serán escuchadas y respetadas. Esto da como resultado equipos más comprometidos, comunicativos y comprometidos, que trabajan juntos en busca de objetivos comunes.

50

PRACTICA

50. Transmite confianza y confidencialidad.

NADA	MUY POCO	POCO	MUCHO	MÁXIMO

MARCA EL ÍCONO DEL QUE PARTES PARA CONOCER TU PROGRESO

- Proporciona oportunidades para una conversación segura y garantiza la confidencialidad de la información.
- Nunca compartas con otros lo que te ha sido confiado. Aunque sea con un superior, pide permiso a la persona que lo comunicó.

MENOS PALABRAS, MÁS RESULTADOS: HÁBITOS SOBRE EL USO DE *E-MAILS* Y MENSAJES

51. Utiliza una aplicación de *e-mail* para todas tus cuentas (personales y profesionales)

La utilización de una aplicación de *e-mail* que centralice todas tus cuentas es una estrategia inteligente y eficiente para gestionar tus comunicaciones diarias. En la era digital en la que vivimos, es común tener múltiples direcciones de correo, ya sea para uso personal, profesional, atención al cliente u otros propósitos específicos. Gestionar todas estas cuentas puede ser una tarea desafiante, especialmente cuando se trata de alternar entre diferentes ventanas del navegador para seguir los mensajes.

Al optar por una sola aplicación que consolide todas tus cuentas, puedes evitar gastar tiempo y clics adicionales para acceder a tus diferentes mensajes. Este enfoque simplifica la gestión de *e-mails* al concentrarse en un único lugar, además de brindarte una vista global de todas tus comunicaciones, lo que hace que la gestión de tu tiempo sea más eficiente y el seguimiento de conversaciones en curso y tareas pendientes sea más ágil.

A pesar de tener varias cuentas de correo electrónico, es esencial mantenerlas organizadas. En particular, no estoy a favor de que durante el horario de trabajo solo sigas la cuenta corporativa y dejes tus mensajes personales para cuando termine el día. No hay problema si hay control y gestión. De esta manera, no arriesgas perder información importante o dejar de responder a mensajes relevantes, incluso los personales. La gestión unificada de las cuentas de *e-mail* ayuda a evitar la dispersión de la atención y a hacer que el proceso de comunicación sea más fluido.

Es fundamental señalar que, aunque es importante seguir tus cuentas de correo electrónico de manera organizada, es fundamental establecer límites y momentos específicos para revisar y responder a los mensajes. Gestionar la comunicación eficientemente no significa estar constantemente conectado. Este enfoque garantiza un equilibrio saludable entre tu vida personal y profesional, promoviendo una comunicación más efectiva en todas las áreas de tu vida.

Al adoptar un enfoque inteligente en la gestión de múltiples cuentas de *e-mail* y utilizar una aplicación que centralice estas comunicaciones, no solo simplificas tu rutina diaria, sino que también promueves una mayor eficiencia y productividad en tus interacciones. A través de este método, concentras tu tiempo y energía en las actividades que realmente importan, evitando distracciones innecesarias y sobrecargas.

PRACTICA

51. Utiliza una aplicación de *e-mail* para todas tus cuentas (personales y profesionales).

NADA   MUY POCO   POCO   MUCHO   MÁXIMO

MARCA EL ÍCONO DEL QUE PARTES PARA CONOCER TU PROGRESO

- Centraliza todas tus cuentas de correo electrónico en una sola aplicación. Preferiblemente, que no requiera cambiar entre vistas, solo que veas las cuentas debidamente marcadas.
- Utiliza aplicaciones nativas, programas directamente en su sistema operativo. Evita acceder a través del navegador de Internet. Controla las notificaciones y accesos.

51

_____

_____

_____

_____

_____

_____

_____

_____

_____

_____

52. Reduce la frecuencia de revisión de *e-mails* y aplicaciones de mensajería

Evita el hábito de revisar constantemente tu bandeja de entrada de correo electrónico u otras aplicaciones de mensajes cada vez que recibas una alerta. Como mencionamos anteriormente, el primer paso es desactivar las notificaciones de sonido y *pop-up* en tus dispositivos. De esta manera, reducirás significativamente la cantidad de revisiones a lo largo del día, lo que te permitirá dedicar periodos menos frecuentes pero más extensos y concentrados a la lectura y respuesta de los mensajes.

Imagina la diferencia que marcaría si consultaras tu *e-mail* solo cinco, diez o veinte veces al día en lugar de hacerlo cada vez que recibes una notificación. Suena mucho, ¿verdad? Sin embargo, si te detienes a contar cuántos accesos realizas en un día, seguramente te sorprenderá la cantidad. Este cambio en la frecuencia de revisión de la bandeja de entrada supone un gran aumento en términos de productividad y eficiencia.

La rutina de revisiones periódicas es un enfoque equilibrado para mantenerte conectado y atento a los mensajes importantes sin sentirte abrumado por notificaciones constantes. Establece momentos específicos a lo largo del día para revisar tus mensajes, como cada treinta minutos o una hora; o en la mañana, después del almuerzo y antes de finalizar la jornada, según el volumen de mensajes y tus actividades. Estos intervalos regulares te permitirán mantenerte al día sin interrumpir constantemente tus tareas principales. Además, serán suficientes para abordar lo que estás recibiendo sin perjudicar otros procesos.

Al adoptar esta rutina, también tendrás más tiempo y atención para leer cuidadosamente cada mensaje recibido y proporcionar respuestas más completas y bien pensadas. Esto contribuye a una comunicación más efectiva y evita respuestas apresuradas o susceptibles de malinterpretación.

Además, es fundamental recordar que el exceso de notificaciones puede generar una sensación de agobio y estrés. El flujo constante de información puede disminuir la productividad, la calidad del trabajo e incluso afectar la salud mental. Establecer límites en el uso de tecnologías es una manera de preservar tu energía y bienestar.

La práctica de las revisiones periódicas, por supuesto, también puede aplicarse a otras aplicaciones y redes sociales. Establecer momentos específicos para acceder a estas plataformas ayuda a reducir el derroche de energía y enfoque en temas poco relevantes, y te permite concentrarte en lo que realmente importa.

52

PRACTICA

52. Reduce la frecuencia de revisión de *e-mails* y aplicaciones de mensajería.

- Elimina las notificaciones de mensajes y correos electrónicos.
- Establece una rutina de revisión (frecuencia) de acceso a los mensajes.
- Puedes agregar la revisión como actividad a cumplir (en tus tareas) o como compromiso en el calendario.

_____

_____

_____

_____

_____

_____

_____

_____

_____

_____

_____

_____

53. Crea carpetas o reglas para tus *e-mails*. Solo deja en la bandeja de entrada lo que aún no has gestionado

La organización de la bandeja de entrada de *e-mails* es un aspecto fundamental para mantener la productividad y reducir la sensación de abrumo causada por la acumulación de mensajes. Generar carpetas o reglas para categorizar los correos electrónicos recibidos es una estrategia eficaz para asegurarte de poder encontrar fácilmente la información importante cuando la necesites.

Tener todos los *e-mails* en la bandeja de entrada, aunque estén adecuadamente categorizados con etiquetas y colores, puede generar una sensación de desorden y dificultar la visualización de los mensajes pendientes. La contaminación visual resultante puede llevar a la sensación de "tenemos mucho por resolver aún" y conducir a la procrastinación o la pérdida de plazos importantes.

Crear carpetas individuales para cada asunto, equipo, persona, proyecto o cliente te permite agrupar los correos de manera organizada, facilitando la ubicación y recuperación de la información relacionada con cada tema específico. De esta manera, cuando surja la necesidad de consultar un mensaje en particular, podrás acceder a él de manera rápida y eficiente.

Además, el uso de reglas de redirección también es una práctica valiosa para optimizar la organización de los *e-mails*. Al crear reglas que redirijan automáticamente los mensajes a carpetas específicas según criterios definidos, podrás reducir aún más el tiempo dedicado a la organización manual.

La sensación de satisfacción al limpiar la bandeja de entrada y ver que los correos han sido adecuadamente categorizados es realmente gratificante. El acto de "vencer la bandeja de entrada" y mantenerla "limpia" es una victoria significativa para mantener el flujo de trabajo organizado y eficiente.

La recomendación es dejar en la bandeja de entrada a la vista, solo aquello que aún no se ha resuelto para asegurarte de que nada quede olvidado o descuidado. Los correos que requieren respuesta, acciones pendientes, deben permanecer visibles y prioritarios hasta que todos los asuntos relacionados se hayan abordado adecuadamente. Una vez que el contenido de los correos se haya resuelto, se aconseja moverlos a las carpetas correspondientes para mantener la bandeja de entrada limpia y libre, y para que puedas concentrarte en los nuevos mensajes que llegan, evitando que la información importante se pierda entre asuntos antiguos.

PRACTICA

53. Crea carpetas o reglas para tus e-mails. Solo deja en la bandeja de entrada lo que aún no has gestionado.

NADA   MUY POCO   POCO   MUCHO   MÁXIMO

MARCA EL ÍCONO DEL QUE PARTES PARA CONOCER TU PROGRESO

- Solamente deja los e-mails sin resolver en tu bandeja de entrada.
- Crea carpetas para cada equipo de tu empresa, líderes clave, clientes, socios, regiones con las que trabajas.
- Lee y responde todos los e-mails del día, aunque queden en la bandeja de entrada para su resolución.
- Crea reglas de redirección para sus carpetas.
- Atención con la gestión de lectura, contestación y e-mails automáticamente movidos a carpetas. Perdemos fácilmente el control porque no tenemos visión.

53

54. Formaliza asuntos y decisiones importantes por *e-mail* con tus colegas y equipos

El correo electrónico sigue siendo uno de los principales canales de comunicación corporativa, a pesar de la proliferación de otras herramientas de interacción entre equipos. Al formalizar decisiones importantes a través de este medio con tus colegas y equipos, aseguras un flujo de trabajo eficiente y una comunicación más estructurada.

Aunque existen diversas plataformas de mensajería instantánea para conversaciones rutinarias, seguimiento de actividades y aclaración de dudas, el *e-mail* sigue siendo la opción preferida para comunicar decisiones que afectan a todo el equipo. Esta elección es acertada, ya que el correo proporciona una forma más formal y documentada de compartir información crucial, garantizando que todos los involucrados estén al tanto de lo que se decidió.

La formalización de decisiones por *e-mail* crea un registro escrito de las deliberaciones, lo que puede ser fundamental en situaciones futuras. El mensaje puede ser más estructurado, permitiendo la inclusión de detalles adicionales, adjuntos, fechas de seguimiento e información relevante para una mejor comprensión de la decisión.

Tener un historial documentado de las decisiones evita malentendidos y disputas, ya que todas las partes involucradas tienen acceso a información clara y precisa. Además, la comunicación por correo permite que los colaboradores tengan tiempo para reflexionar sobre la decisión y ofrece la oportunidad de expresar sus opiniones y aclarar posibles dudas antes de la implementación.

Es cierto que el uso del *e-mail* puede haber disminuido con la llegada de aplicaciones de mensajería instantánea, pero esto hace que el contenido recibido por este medio sea aún más importante. Cuando un mensaje llega a tu bandeja de entrada, es una señal de que la información es relevante y requiere atención inmediata. Al verificar y prestar atención al contenido recibido, evitas que información importante pase desapercibida en medio del volumen de comunicaciones diarias.

Mantén el hábito de formalizar decisiones relevantes y comunicaciones entre equipos y colegas por correo electrónico. De esta manera, no solo contribuyes a la eficiencia operativa, sino que también colaboras en la creación de un entorno de trabajo cohesionado, transparente y productivo, donde la información fluye de manera eficiente y las decisiones se comparten adecuadamente entre todos.

54

PRACTICA

54. Formaliza asuntos y decisiones importantes por *e-mail* con tus colegas y equipos.

NADA   MUY POCO   POCO   MUCHO   MÁXIMO

MARCA EL ÍCONO DEL QUE PARTES PARA CONOCER TU PROGRESO

- Formaliza decisiones importantes, comunicados generales, cambios de estructura, resultados y problemas, por e-mail.
- Mantén canales en las herramientas de mensajería instantánea para respaldar las comunicaciones por e-mail. Informa al equipo que algo ha sido compartido.

PRACTICA

55. Revisa el lenguaje y el contenido de los mensajes antes de enviarlos.

NADA   MUY POCO   POCO   MUCHO   MÁXIMO

MARCA EL ÍCONO DEL QUE PARTES PARA CONOCER TU PROGRESO

- Redacta cuidadosamente los mensajes y e-mails adaptando el idioma a los destinatarios.
- Revisa los mensajes más formales, especialmente para destinatarios externos, para evitar errores.
- Independientemente de las emociones presentes en tu mensaje, sé siempre objetivo y respetuoso.

55

56. Sé conciso. Los mensajes directos son muy útiles para la comunicación, pero deben ser objetivos

Los mensajes directos se han convertido en una herramienta indispensable en la comunicación del entorno laboral actual. En comparación con los *e-mails,* que pueden requerir más tiempo y no ser tan ágiles para respuestas rápidas, las aplicaciones de mensajería instantánea han traído una mejora significativa en la gestión de demandas, problemas y comunicación entre equipos y colegas. Sin embargo, para que estos mensajes sean efectivos, es fundamental que sean objetivos y concisos.

La agilidad que proporcionan los mensajes directos es una gran ventaja, pero puede verse afectada cuando el contenido del mensaje es extenso y poco claro. Cuando nos comunicamos a través de mensajes, debemos ir directo al grano, evitando rodeos o detalles innecesarios. Después de todo, la eficiencia de los mensajes instantáneos radica en la rapidez con la que podemos transmitir y recibir información.

Sin embargo, ser conciso no significa ser grosero o impersonal, sino ser claro y objetivo al comunicar nuestras ideas. Es importante cuidar la elección de las palabras y asegurarse de que el destinatario comprenda rápidamente el mensaje.

Si es necesario proporcionar información más detallada y profunda, puede ser más apropiado utilizar otros canales de comunicación, como el *e-mail,* que permite una estructura más elaborada y espaciosa, o incluso una reunión, dependiendo del grado de complejidad del tema a tratar y de las personas involucradas.

Además, es importante considerar que no todos tienen disponibilidad inmediata para responder a los mensajes. Por lo tanto, si el asunto requiere una respuesta más elaborada o involucra un tema complejo, es recomendable verificar si el destinatario está disponible para una conversación más detallada antes de continuar con el envío del mensaje.

Recuerda que cada canal de comunicación tiene sus propias características y debemos elegir el más adecuado para cada tipo de información o interacción necesaria. Al utilizar los mensajes directos de manera objetiva, contribuimos a evitar malentendidos y optimizar el flujo de trabajo. Un mensaje claro y conciso facilita la toma de decisiones, la resolución de problemas y la comunicación ágil entre los miembros del equipo.

56

PRACTICA

56.Sé conciso. Los mensajes directos son muy útiles para la comunicación, pero deben ser objetivos.

NADA   MUY POCO   POCO   MUCHO   MÁXIMO

MARCA EL ÍCONO DEL QUE PARTES PARA CONOCER TU PROGRESO

- Siempre que utilices canales de mensajería directa, sé objetivo y directo en lo que necesitas.
- Cuidado con la forma y las palabras. Los mensajes están sujetos a interpretación, por lo que debes prestar atención al contenido.
- Si necesitas enviar más detalles, usa otros canales como el correo electrónico o reuniones.

57. Si recibes un *e-mail* o mensaje que te afecta emocionalmente, no respondas de inmediato

Cuando nos encontramos con *e-mails* o mensajes que nos afectan emocionalmente, es esencial recordar que no necesitamos responder de inmediato. La reacción impulsiva puede ser perjudicial tanto para nosotros como para la relación con el remitente. En cambio, es importante tomar un momento para procesar nuestros sentimientos antes de responder de manera racional y reflexiva.

Una de las estrategias más efectivas en estos casos es dar un paso atrás y respirar profundamente. El acto de respirar profundamente ayuda a calmar el sistema nervioso y reducir la intensidad de las emociones negativas. Al alejarnos del sentimiento momentáneo, obtenemos claridad mental y evitamos que las emociones controlen nuestras acciones.

Una práctica útil es escribir lo que nos gustaría decir en respuesta al mensaje que desencadenó la respuesta emocional, pero no enviarlo de inmediato. En su lugar, podemos usar una nota, papel u otra plataforma fuera de la aplicación de correo electrónico para desahogarnos y poner nuestros sentimientos en "papel". Escribir nuestros pensamientos puede ser terapéutico y nos ayuda a expresar nuestras emociones de manera saludable.

Después de este momento, es fundamental hacer una pausa y dar tiempo para que las emociones se calmen. Este distanciamiento emocional es esencial para evitar respuestas impulsivas y reactivas. En cambio, cuando estemos más tranquilos y con la mente racional, podemos volver al mensaje y revisarlo con más objetividad.

Con la mente más clara, es probable que nos demos cuenta de que el texto inicial estaba lleno de emociones intensas y que no reflejaba una respuesta adecuada para la situación. En ese momento, podemos reformular el mensaje de manera más objetiva, profesional y respetuosa.

Es importante recordar que las palabras tienen un impacto significativo en las interacciones humanas, y los mensajes impulsivos cargados de emociones negativas pueden causar daños permanentes en las relaciones profesionales y personales. Por lo tanto, es fundamental evitar enviar mensajes impulsivos que ocasionen conflictos y arrepentimientos posteriores.

PRACTICA

57. Si recibes un *e-mail* o mensaje que te afecta emocionalmente, no respondas de inmediato.

| NADA | MUY POCO | POCO | MUCHO | MÁXIMO |

MARCA EL ÍCONO DEL QUE PARTES PARA CONOCER TU PROGRESO

- Si un mensaje te ha afectado emocionalmente, no respondas inmediatamente. Aléjate de la situación, respira, concéntrate en algo que sea bueno para ti.
- Para "desahogarte", escribe en un medio diferente al que originó el mensaje con todo aquello que te gustaría responder. Sin embargo, no lo envíes. Tómate un descanso, lee y relee tantas veces como sea necesario, hasta que logres enviar una respuesta adecuada y sin sentimientos cargados.
- Independientemente de la situación que desencadenó el gatillo emocional, sé siempre respetuoso y profesional en tus mensajes.

57

_____

_____

_____

_____

_____

_____

_____

_____

_____

58. Evita cadenas de *e-mails* largas con muchos destinatarios

Las cadenas de *e-mails* largas pueden resultar agotadoras e ineficientes, llevando a una sobrecarga de información y dificultad para seguir el flujo de comunicación. Evitar este tipo de situación es crucial para mantener la claridad y eficacia de la comunicación por medios electrónicos.

Cuando nos encontramos con muchos mensajes en cadenas de *e-mails*, es importante considerar si este es el canal adecuado para el debate en curso. El *e-mail* es una herramienta útil para formalizar asuntos, pero cuando el intercambio de mensajes se vuelve extenso y se asemeja más a una conversación, en lugar de permitir que la discusión se alargue indefinidamente, es mejor considerar que otras opciones de comunicación son más apropiadas para este propósito.

Las aplicaciones de mensajería instantánea son excelentes alternativas para tratar discusiones más dinámicas e interactivas. Con el intercambio de mensajes rápidos, es posible resolver problemas de manera más ágil, aclarar dudas y obtener respuestas inmediatas. Una vez que el problema se haya resuelto, es posible formalizar la decisión por correo, registrando la información importante y asegurándose de que todos los involucrados estén al tanto de las deliberaciones.

En situaciones delicadas que requieren discusiones más profundas y la colaboración de diversas partes interesadas, convocar una reunión puede ser la mejor opción. La reunión permite que los involucrados discutan el tema en tiempo real, intercambien opiniones y lleguen a un consenso de manera más efectiva. Después de la reunión, es importante cerrar el asunto y registrar por correo electrónico, recapitulando las decisiones clave y las acciones acordadas.

Formalizar lo que se ha acordado es una práctica importante en cualquier escenario. Al registrar las decisiones por correo, creas un historial documentado que se puede consultar posteriormente si es necesario. Además, esta formalización garantiza que todos los involucrados estén alineados y sean conscientes de los próximos pasos a seguir.

Es esencial saber cómo utilizar el e-mail adecuadamente, evitando que se convierta en un medio ineficiente para discusiones prolongadas. Optar por utilizar canales alternativos, resolver problemas ágilmente, y recurrir a reuniones cuando la complejidad del asunto lo requiera, permitirá que tú y tus colegas o equipo trabajen de manera más eficiente y organizada, garantizando que la comunicación fluya de manera clara y productiva.

58

PRACTICA

58. Evita cadenas de *e-mails* largos con muchos destinatarios.

NADA   MUY POCO   POCO   MUCHO   MÁXIMO

MARCA EL ÍCONO DEL QUE PARTES PARA CONOCER TU PROGRESO

- Si un tema tratado por correo electrónico supera los tres mensajes o respuestas, probablemente ya se haya convertido en una conversación. Utiliza otros medios o cierra el asunto objetivamente.
- Evita los *e-mails* con muchos destinatarios, a menos que se trate de una comunicación o decisiones que no requerirán una respuesta. En este caso, es mejor usar las funciones "cco" (copia oculta), para evitar respuestas a todos.

59. Si incluyes a alguien en una cadena de *e-mails* o mensajes, contextualiza y explica lo que esperas de esa persona

Cuando se agrega a alguien a una cadena de *e-mails* o mensajes, es esencial proporcionar contexto a la nueva persona y dejar en claro qué se espera de ella con respecto a esa información. Simplemente copiar a la persona en la conversación o enviar un correo con la conocida abreviatura "FYI" (*for your information*, para tu información) o "PSC" (para su conocimiento) no es suficiente y puede llevar a malentendidos y falta de acción.

Si estás agregando a alguien a una conversación es porque deseas que esa persona participe o tome una acción específica con relación al contenido del mensaje. Incluso, si es solo para que esté informada de algo que se resolvió, es fundamental contextualizar a quien acaba de unirse, explicando la razón de su inclusión y el rol que debe desempeñar en la discusión.

La falta de contexto puede dejar a la persona confundida y sin entender cómo debe proceder frente a la información presentada. Cuando alguien recibe un mensaje "FYI", puede no saber cuáles son las expectativas con relación a ella. ¿Es solo información para archivar? ¿Debe responder o tomar alguna medida específica? ¿Cuáles son los próximos pasos? ¿Debe realizar un seguimiento? En fin, no hay definición de roles.

Por lo tanto, al agregar a alguien a una cadena de mensajes, es importante ser claro y explicar qué se espera de la persona. Si estás solicitando algo específico a otra persona, tu mensaje no debe ser simplemente un "FYI" y asumir que el destinatario interpretará por su cuenta lo que debe hacer. La probabilidad de fallos en la comunicación es alta.

En su lugar, el mensaje adecuado debe proporcionar detalles sobre lo que se debe hacer con relación a la solicitud, o cuál fue el resultado alcanzado y cómo se resolvió el problema, y qué debe hacer el nuevo participante con esa información.

La comunicación clara y efectiva es esencial para el buen desarrollo de las interacciones en el entorno laboral. Por lo tanto, al agregar a alguien a una conversación, repasa el historial y contexto de la discusión hasta ese punto.

De esa manera, la persona que llega más tarde puede entender y seguir el tema de manera más completa sin necesidad de crear su propia interpretación basada en el contenido recién recibido. Así promovemos la colaboración, evitamos malentendidos y contribuimos a la eficiencia de la comunicación, las actividades y los equipos.

PRACTICA

59. Si incluyes a alguien en una cadena de *e-mails* o mensajes, contextualiza y explica lo que esperas de esa persona.

NADA   MUY POCO   POCO   MUCHO   MÁXIMO

MARCA EL ÍCONO DEL QUE PARTES PARA CONOCER TU PROGRESO

- Cada vez que ingreses a alguien en una cadena de mensajes, pon a la persona en contexto.
- Indica lo que esperas de la persona. ¿Qué acción debería tomar? ¿Es solo para almacenar la información? ¿Qué hacer?
- No envíes *e-mails* simplemente con "FYI" o "PSC". Este tipo de comunicación es confusa e ineficaz.

59

60. Lee todos tus *e-mails* y mensajes recibidos hasta el final del día. No lo dejes para mañana

Terminar el día leyendo todos los correos y mensajes recibidos hasta ese momento es una práctica esencial para mantener la organización y el control de las demandas diarias. Al hacerlo, te aseguras de que ningún asunto importante quede pendiente y evitas acumular tareas para el día siguiente.

Comenzar resolviendo las tareas más simples que pueden ser ejecutadas de inmediato es una excelente estrategia para reducir la carga de trabajo. Al resolver estas cuestiones de manera rápida, las sacas de tu bandeja de entrada, liberando espacio para concentrarte en las demandas más complejas y relevantes.

Además, es fundamental leer el 100 % de lo que llega a tus *e-mails* y mensajes para evitar que información importante se pierda o sea pasada por alto. Organizarte para responder a todos los mensajes relevantes en el mismo día en que fueron recibidos, demuestra responsabilidad y profesionalismo. Separar lo que debe ser atendido al día siguiente y lo que ya fue resuelto también es una práctica inteligente. Esto ayuda a establecer prioridades y a planificar el próximo día de trabajo de manera más eficiente.

Reservar períodos específicos para la lectura y respuesta de mensajes es una forma de garantizar que dediques la atención necesaria a cada tarea, evitando distracciones y aumentando la productividad. Finalizar el día ordenando la bandeja de entrada brinda una sensación de logro y control sobre las actividades. Saber que has respondido a todos los mensajes importantes y organizado las tareas pendientes, ayuda a finalizar el día de manera más tranquila, sabiendo que estás preparado para enfrentar el siguiente día.

Al adoptar esta práctica de leer todos los correos electrónicos y mensajes del día hasta el final del día, aumentas tu eficiencia y evitas la acumulación de tareas e información. Esto proporciona una mejor gestión del tiempo, una mayor capacidad de respuesta y ayuda a mantener la organización y la productividad en el trabajo. Al finalizar el día con la bandeja de entrada ordenada, estarás listo para comenzar el próximo día con enfoque y determinación, sabiendo que estás en control de las actividades y compromisos.

60

PRACTICA

60. Lee todos tus *e-mails* y mensajes recibidos hasta el final del día. No lo dejes para mañana.

| NADA | MUY POCO | POCO | MUCHO | MÁXIMO |

MARCA EL ÍCONO DEL QUE PARTES PARA CONOCER TU PROGRESO

- Lee el 100 % de los mensajes y e-mails recibidos el día antes de finalizar tus rutinas.
- Establece al menos un tiempo al final del día para dedicarte a los mensajes y terminar el día con todo leído, resuelto (lo que sea posible) y planificando el día siguiente.

MENOS ENCUENTROS, MÁS EFECTIVIDAD: HÁBITOS SOBRE REUNIONES

61. Participa solo en reuniones que estén debidamente agendadas. De última hora, solo en caso de emergencias

Un control efectivo del tiempo es un factor clave para la productividad y el éxito en cualquier entorno laboral. En este sentido, tener previsibilidad es esencial para asegurar que las actividades estén bien planificadas y ejecutadas. Una manera de asegurar esta previsibilidad es fomentar que las personas programen reuniones con anticipación y eviten encuentros de último momento, a menos que sean emergencias.

Las reuniones improvisadas tienden a ser poco productivas, ya que muchas veces no hay un temario definido, estructura o preparación adecuada por parte de los involucrados. Al participar en reuniones de último momento, el riesgo es que los temas a discutir se aborden de manera superficial y sin el tiempo necesario para la reflexión y el análisis. Estas reuniones fácilmente pueden convertirse en una pérdida de tiempo para todos los involucrados.

La recomendación es priorizar las reuniones previamente programadas y planificadas. Esta práctica brinda la oportunidad de prepararse adecuadamente para los asuntos a tratar, permitiéndote llegar a la reunión con información relevante e ideas claras sobre los temas en cuestión. De esta manera, podrás contribuir de manera más efectiva y agregar valor al encuentro.

Un hábito adicional que puedes adoptar para evitar contratiempos en tu agenda es bloquear espacios en tu día a medida que avanza el tiempo, en caso de que no tengas compromisos ya agendados. Esta estrategia asegura que tengas períodos asignados para tareas específicas o para la realización de proyectos sin interrupciones de reuniones no planificadas. Este tiempo reservado puede ser valioso para dedicarte a actividades que requieren enfoque y concentración.

Fomentar una cultura organizacional que valore la programación previa de reuniones promueve un entorno de trabajo más colaborativo y centrado en resultados. Esto fortalece la comunicación entre los miembros del equipo, crea una atmósfera de respeto mutuo por el tiempo y contribuye a lograr los objetivos de manera más efectiva. Al tomar estas medidas, estarás demostrando un compromiso con la eficiencia y la organización en el entorno laboral, lo que repercutirá de manera positiva en tu imagen profesional y en la productividad general de tus colegas y equipo.

PRACTICA

61. Participa solo en reuniones que estén debidamente agendadas. De última hora, solo en caso de emergencias.

NADA   MUY POCO   POCO   MUCHO   MÁXIMO

MARCA EL ÍCONO DEL QUE PARTES PARA CONOCER TU PROGRESO

- Evita las reuniones programadas a última hora. Cuando sea posible, solicita un mínimo de cuatro horas de anticipación.
- A medida que pasa el tiempo durante el día, bloquea los espacios vacíos para evitar reuniones inesperadas.
- Si entre una hora y otra no tienes citas programadas, quince o treinta minutos antes, bloquee ese espacio.

62

62. **Siempre ten una agenda, un motivo para la reunión, incluso si es periódica y fija**

La realización de reuniones productivas y efectivas requiere un enfoque organizado y bien estructurado. Tener un temario definido, incluso para reuniones periódicas y fijas, es esencial para asegurar que el tiempo se aproveche de manera eficiente y que todos los participantes estén alineados con los objetivos del encuentro.

Al programar una reunión, es fundamental que el motivo y el propósito estén claramente descritos, ya sea en el título o en el espacio de descripción de la invitación. Esto permite que todos sepan qué esperar de la reunión y puedan prepararse adecuadamente. Además, si la reunión requiere que los participantes traigan información específica, es importante dejarlo explícito e indicar lo que cada uno debe llevar para contribuir con el debate.

Evita programar reuniones solo para agendar nuevas reuniones, como suele decirse. Es decir, encuentros sin propósito y que al final requieren un nuevo momento para discutir lo que no se abordó adecuadamente o, en otros casos, para simplemente solicitar información que debería haberse presentado previamente. Esto desperdicia el tiempo de todos los involucrados y crea una percepción negativa sobre la eficacia de las reuniones. En su lugar, prioriza encuentros que aporten valor y respeten el tiempo de los participantes. Para otros asuntos, existen canales de comunicación suficientes y más efectivos.

63. Comprende qué necesita ser discutido en persona y qué puede resolverse simplemente a través de mensajes

Identificar cuándo es necesario abordar un asunto en persona durante una reunión o encuentro personal, y cuándo puede ser resuelto mediante mensajes, es una práctica fundamental para optimizar el tiempo y la energía en el entorno laboral. Frecuentemente, subestimamos el impacto positivo que esta iniciativa puede tener en nuestra productividad y en la eficiencia general de las operaciones.

Al cuestionar cuántas veces asistimos a reuniones que podrían ser fácilmente tratadas por correo electrónico o mensaje, nos damos cuenta de lo común que es caer en la trampa de celebrar reuniones innecesarias. Esta práctica desperdicia el tiempo de los participantes y sobrecarga sus agendas con encuentros improductivos.

Para evitar esta situación, es crucial entender claramente el tipo de asunto a tratar y evaluar si el formato de comunicación elegido es realmente el más adecuado. En algunos casos, un correo bien estructurado puede lograr el mismo objetivo que una reunión presencial, permitiendo que los involucrados se mantengan informados y tomen las medidas necesarias sin la necesidad de reunirse en persona.

Además, las tecnologías de comunicación modernas ofrecen recursos valiosos para tratar cuestiones que no requieren interacciones presenciales. Por ejemplo, las notas de voz posibilitan transmitir información de manera más clara y expresiva, superando las limitaciones de la comunicación escrita. Esto es especialmente relevante cuando el "tono de voz" es fundamental para comprender el contexto o para evitar malentendidos.

Al utilizar los recursos disponibles de manera adecuada, podemos evitar el gasto de tiempo y energía en reuniones innecesarias y priorizar la eficiencia y la conveniencia, eligiendo el método de comunicación apropiado para cada situación.

Por lo tanto, al identificar que una reunión en persona no es realmente necesaria, debemos optar por soluciones más ágiles, como correos electrónicos, mensajes o llamadas para abordar el asunto. Esta práctica conduce a una mayor productividad, menos interrupciones en el flujo de trabajo y permite que cada miembro del equipo se dedique a lo que realmente importa, contribuyendo a un entorno laboral más eficiente y exitoso.

PRACTICA

63. Comprende qué necesita ser discutido en persona y qué puede resolverse simplemente a través de mensajes.

- Un comunicado, como ya dice la palabra, normalmente se puede enviar a través de *e-mail* o aplicación de mensajes corporativos.
- El cuestionamiento por información, aclaración de situaciones puntuales se suelen resolver por mensaje.
- *Feedback,* correcciones o advertencias, siempre es preferible hablar en persona o en una reunión (física o en línea). Aunque posteriormente se formalice por escrito.

63

64. ¿Quiénes deben estar presentes? Invita solo a quienes realmente son necesarios para una reunión

Convocar a las personas adecuadas para una reunión es un factor crucial para garantizar la eficiencia y la relevancia del encuentro. Antes de enviar las invitaciones, es fundamental realizar un análisis minucioso del temario definido, identificando quiénes realmente necesitan estar presentes y quiénes pueden ser eximidos de ese compromiso. Evitar desperdiciar el tiempo de las personas es una práctica que demuestra respeto por la productividad de cada individuo y fortalece el valor del trabajo en equipo.

Al planificar la lista de participantes, es importante invitar únicamente a aquellos que tienen un rol activo en el tema a tratar o que serán directamente impactados por las decisiones tomadas durante el encuentro. Involucra a personas que posean información relevante, experiencia o dominio necesarios para contribuir con las discusiones y encontrar soluciones a los desafíos presentados.

Una estrategia efectiva es utilizar líderes de área como representantes, cuando sea posible, en lugar de convocar a todos los miembros de un equipo o departamento. Estos líderes pueden transmitir la información pertinente a sus respectivos equipos después de la reunión, asegurando que todos estén alineados con las decisiones tomadas y con los próximos pasos a seguir.

Al seleccionar cuidadosamente a los participantes, se evita la situación en la que algunas personas son meros espectadores, sin una contribución activa ni una razón clara para estar presentes. Esto no solo ahorra tiempo a los involucrados, sino que también mantiene el enfoque en los asuntos más relevantes y contribuye a discusiones más efectivas durante las reuniones.

Frecuentemente, las reuniones se llevan a cabo, por ejemplo, para hacer anuncios generales, transmitiendo información que podría enviarse fácilmente a través de un mensaje o correo electrónico. Si el encuentro no requiere interacción o acción de los presentes, normalmente optar por un medio de comunicación más ágil, en estos casos en lugar de convocar una reunión es una elección inteligente que ahorra tiempo y recursos.

Al implementar estas prácticas, se muestra un compromiso con el uso eficiente del tiempo de todos los involucrados, promoviendo una cultura de trabajo más ágil, enfocada y efectiva. De esta manera, cada encuentro se convierte en una valiosa oportunidad de colaboración e intercambio de ideas, impulsando el progreso del equipo y la organización en su conjunto.

64

PRACTICA

64. ¿Quiénes deben estar presentes? Invita solo a quienes realmente son necesarios para una reunión.

- Invita solo a las personas que deciden o se ven afectadas por las decisiones y acciones que se tomarán.
- Utiliza representantes de equipo para evitar tener reuniones con muchos participantes. Estos transmitirán el contenido a los demás posteriormente.

65. ¿Estás presente? Entonces participa activamente en la reunión

La participación activa de los presentes en una reunión es esencial para hacerla más productiva y significativa. Así como mencionamos anteriormente, además de la importancia de convocar solo a las personas necesarias, es igualmente relevante enfatizar el papel de cada individuo durante la reunión. Si estás presente en una reunión, ya sea como anfitrión o invitado, es crucial que te involucres activamente en las discusiones y contribuyas al desarrollo de los temas tratados.

Si has sido convocado a la reunión, es porque tu presencia es valorada y tu opinión se considera importante para el tema en cuestión, o al menos debería ser así. Aunque el anfitrión no anime a la participación de todos, puedes aprovechar la oportunidad para hacer preguntas, aclarar dudas y proporcionar contribuciones relevantes. Por lo tanto, no basta con estar presente físicamente; es fundamental participar en las discusiones y contribuir con tus ideas, perspectivas y conocimientos.

No te limites a ser un mero espectador u oyente pasivo durante la reunión. Sé proactivo y comprometido, plantea cuestiones relevantes, comparte tus experiencias y ofrece ideas valiosas. Si sientes que el entorno no es propicio para intervenir directamente, espera un momento, incluso al final, para compartir tus ideas o aclarar puntos importantes. Otra posibilidad es, antes del inicio de la reunión, cuestionar la dinámica de participación y determinar cuándo podrías contribuir con las discusiones.

65

Como anfitrión de una reunión, es de suma importancia crear un ambiente participativo, dando espacio para la intervención de los presentes. Establece momentos y tiempos para que cada persona pueda contribuir durante el encuentro, fomentando la expresión de opiniones e ideas. Al equilibrar la participación activa con la gestión eficiente del tiempo, demuestras un compromiso en asegurarte de que cada voz sea escuchada y valorada, promoviendo un entorno colaborativo y productivo.

Por lo tanto, cuando participes en una reunión, asume esta oportunidad con responsabilidad y compromiso. Tu actuación es fundamental para el progreso de los proyectos y objetivos del equipo y de la organización. Contribuye con tu punto de vista, ideas o preguntas. De esta manera, podrás lograr resultados más significativos y trabajar para un entorno más inclusivo y colaborativo.

PRACTICA

65. ¿Estás presente? Entonces participa activamente en la reunión.

| NADA | MUY POCO | POCO | MUCHO | MÁXIMO |

MARCA EL ÍCONO DEL QUE PARTES PARA CONOCER TU PROGRESO

- Como participante, contribuye a la discusión. Opina, trae diferentes perspectivas e ideas.
- Como anfitrión, incentiva a todos los presentes a participar. Estate abierto a la contribución
- Para un mejor desarrollo de una reunión, establece la dinámica de participación: cuándo pueden hablar, tiempo, temas, etc.

65

66. Reduce la duración de las reuniones

Para optimizar nuestro tiempo y enfocarnos en otras actividades, es crucial no solo reducir la cantidad de reuniones en nuestra agenda, sino también acortar su duración. Un enfoque sencillo es comenzar reduciendo el tiempo de las reuniones más largas, como de una hora y treinta minutos a una hora, luego de una hora a cuarenta y cinco minutos, y de cuarenta y cinco minutos a treinta minutos.

Al acortar la duración de las reuniones, estamos reconociendo el valor del tiempo, tanto el nuestro como el de nuestros colegas. Esto implica una necesidad de gestión efectiva del tiempo durante los encuentros, con un enfoque claro en los temas y objetivos definidos. Por lo tanto, es importante asegurarse de que la reducción sea efectiva y cumplir rigurosamente con el horario establecido.

Comenzar las reuniones puntualmente y mantener la discusión enfocada en el tema central son prácticas esenciales para evitar que las reuniones se extiendan más allá de lo necesario. A menudo, prolongamos los temas, excediendo el tiempo establecido y anulando, por lo tanto, los beneficios de la reducción de la cantidad y duración de los encuentros. En consecuencia, al planificar una reunión es fundamental dividir adecuadamente el temario y los tiempos de intervención para asegurarse de que el tema se trate en el tiempo previsto.

Asimismo, como ya hemos mencionado, además de adoptar una cultura de reducción del tiempo de las reuniones, es importante reflexionar continuamente sobre la necesidad real de cada encuentro. Antes de agendar una reunión, cuestiona si el tema no podría ser tratado de manera más rápida y objetiva a través de otros recursos de comunicación.

También es importante evitar agendar reuniones cortas solo para encajar temas en horarios libres. Si sabes que un tema requerirá más tiempo del disponible, es más efectivo encontrar un espacio adecuado en la agenda, incluso más adelante, para abordar el tema en su totalidad en lugar de dividirlo en oportunidades diferentes. Esto reduce el tiempo gastado en reuniones repetitivas y permite que el equipo se dedique a otras tareas y proyectos de manera más eficiente.

La reducción de la duración de las reuniones no se trata solo de un esfuerzo puntual, sino de un compromiso continuo con la optimización del tiempo y el aumento de la productividad. Para garantizar que esta práctica sea efectiva, es importante que todos los participantes estén alineados con esta mentalidad. Comunicar al equipo sobre esta iniciativa y reforzar la importancia del estricto cumplimiento de los horarios establecidos es fundamental para el éxito de este enfoque.

PRACTICA

66. Reduce la duración de las reuniones.

- Reduce el tiempo de las reuniones existentes: hora y media a una hora; una hora a cuarenta y cinco minutos; cuarenta y cinco minutos a treinta minutos.
- Establece tiempo para cada tema o participación de personas en la reunión. Evita extrapolar el tiempo.
- Utiliza aplicaciones o extensiones de tiempo para tus reuniones o, como último recurso, el cronómetro del celular.
- No programes reuniones que requieran más tiempo en espacios reducidos solo para aprovechar o avanzar en el tema.

67. Genera un acta, anotaciones, iniciativas o algo que se haya resuelto y deba hacerse sobre el tema

Generar un acta detallada es un recurso esencial para garantizar la efectividad de las reuniones y asegurarse de que los resultados obtenidos se documenten de manera clara y organizada. El acta no debe ser vista como un mero formalismo, sino como una herramienta valiosa para registrar las deliberaciones, tomar nota de las acciones acordadas y seguir el progreso de las tareas pendientes.

Al crear el acta, es importante incluir información crucial, como la fecha, hora y lugar de la reunión, los participantes presentes y un temario bien estructurado que contenga los temas discutidos. Para cada tema abordado, registra los puntos principales planteados durante la discusión, los diferentes puntos de vista presentados y las decisiones tomadas en relación con cada cuestión.

Además, es esencial anotar las acciones definidas durante la reunión, especificando claramente quién será responsable de llevarlas a cabo y cuál es el plazo estipulado para su finalización. Esto garantiza que todas las tareas se asignen adecuadamente y que los miembros del equipo tengan claridad sobre sus responsabilidades.

Las acciones en curso deben ser monitoreadas y actualizadas regularmente, lo que permite seguir el progreso. El acta también debe incluir información sobre las actividades que quedaron pendientes de reuniones anteriores, alentando la continuidad y finalización de asuntos no resueltos antes de abordar nuevos temas.

Una vez creada el acta, asegúrate de compartirla con todos los participantes e involucrados en la reunión. Esto permite que todos tengan acceso al mismo conjunto de información y comprendan claramente los próximos pasos y responsabilidades.

Además, utilizar el acta como base para las reuniones de seguimiento es una práctica inteligente y eficiente. Comenzar cada nueva reunión revisando las acciones pendientes, verificar el estado de cada tarea e identificar posibles obstáculos ayuda a mantener el enfoque y asegurarse de que nada quede olvidado o descuidado.

Siempre recuerda fomentar la participación activa de los miembros del equipo durante las reuniones, permitiendo que expresen sus ideas, dudas y preocupaciones. La creación de un entorno de colaboración y respeto es fundamental para el éxito de las discusiones y la generación de soluciones creativas y efectivas. Al final, registra todo en el acta y practica las acciones establecidas.

PRACTICA

67.Genera un acta, anotaciones, iniciativas o algo que se haya resuelto y deba hacerse sobre el tema.

NADA   MUY POCO   POCO   MUCHO   MÁXIMO

MARCA EL ÍCONO DEL QUE PARTES PARA CONOCER TU PROGRESO

- Genera un acta de cada reunión con información básica: fecha, lugar, propósito de la reunión, participantes, temas tratados, acciones, plazos y responsables.
- Explora las aplicaciones de calendario y agenda. Muchos de ellos traen el recurso de generar actas compartidas entre todos y construidas de una manera más sencilla.
- En reuniones de follow-up, siempre comienza por abordar los puntos tratados en la reunión anterior. Lo que estaba pendiente de revisión o seguimiento.

67

68. Utiliza los recursos disponibles para una mejor reunión

Con la creciente popularidad de las aplicaciones para realizar reuniones, especialmente en el entorno *online*, tenemos a nuestra disposición una amplia gama de recursos que pueden potenciar significativamente la productividad y eficacia de nuestras reuniones. Es esencial que estemos conscientes de las posibilidades que ofrecen estas herramientas y sepamos aprovecharlas al máximo para generar mayor participación de los asistentes, compromiso y resultados más positivos.

Además del valioso recurso de crear actas en tiempo real, que ya hemos abordado previamente, hay otras funcionalidades que pueden marcar la diferencia. Por ejemplo, el registro de participantes es una herramienta útil para mantener un control preciso de quiénes estuvieron presentes en las reuniones.

También, la posibilidad de grabar la reunión es una ventaja significativa, ya que permite que los participantes revisen el contenido y la información discutida posteriormente, lo cual es beneficioso para aquellos que no pudieron asistir en tiempo real. El uso de subtítulos automáticos y la traducción en algunos idiomas son recursos inclusivos y fundamentales para equipos multiculturales o con miembros que hablan diferentes idiomas.

Además, las características visuales de presentación, como el intercambio de pantallas y presentaciones, hacen que las reuniones sean más dinámicas e interactivas. A través de estas características, es posible presentar información compleja de manera clara y atractiva, manteniendo el interés y la participación de los asistentes durante toda la reunión.

Por último, las herramientas interactivas, como preguntas y respuestas, salas temáticas y encuestas, fomentan una mayor participación de los involucrados y estimulan el intercambio de ideas y opiniones. Esto permite que las reuniones sean más colaborativas y productivas, potenciando la contribución de todos los presentes.

Aprovechar al máximo las herramientas disponibles es esencial para hacer que las reuniones sean más efectivas y eficientes. Conocer y aplicar estos recursos de manera estratégica en el día a día de las reuniones puede llevar a mejores resultados y a una comunicación más clara y transparente. Por lo tanto, explora las funcionalidades que ofrecen las herramientas de reunión, adapta a las necesidades de tu equipo y maximiza el potencial de tus reuniones para lograr mejores resultados e impulsar el éxito del equipo y la empresa.

68

PRACTICA

68. Utiliza los recursos disponibles para una mejor reunión.

- Conoce en profundidad los recursos disponibles en las plataformas de reuniones que utilizas. Busca tutoriales online.
- Además de las actas de la reunión, intenta utilizar el control de participantes, la grabación, el uso compartido de pantalla, los efectos de cámara, picture-in-picture para una reunión más eficaz.
- Monta encuestas, salas temáticas, usa extensiones de interactividad en las presentaciones para aumentar el compromiso con el contenido presentado.

69. Siempre realiza un cierre. Un resumen. ¿Qué se definió?

Además de los aspectos discutidos previamente, el cierre de una reunión es una etapa crucial que no debe ser descuidada. Resumir los temas tratados y las decisiones tomadas durante la reunión es esencial para garantizar que todos los participantes estén alineados y sean conscientes de las directrices establecidas.

En esta etapa final, es fundamental presentar un resumen claro y conciso de los principales asuntos discutidos, enfatizando los puntos más relevantes y las conclusiones alcanzadas. Esto asegura que la información permanezca clara en la mente de todos los involucrados, recapitulando los aspectos esenciales y previniendo posibles malentendidos en el futuro.

Además, es esencial definir de manera clara y precisa cuáles serán los próximos pasos a seguir. Para ello, es importante asignar las tareas y acciones acordadas a miembros específicos del equipo, dejando claro quién será responsable de cada actividad. Establecer plazos realistas para la finalización de cada tarea también es fundamental, permitiendo que todos tengan una comprensión clara del tiempo disponible para cumplir con sus responsabilidades.

El acta de la reunión, como mencionamos antes, desempeña un papel valioso en este momento de cierre. Al haber sido creada durante la reunión, se convierte en una herramienta esencial para documentar todos los detalles discutidos y las decisiones tomadas. A través del acta, los participantes pueden recordar los puntos tratados y garantizar que no haya dudas sobre sus responsabilidades y compromisos acordados.

Aprovechar los recursos disponibles en las herramientas de reunión mencionados anteriormente también puede traer beneficios significativos en el cierre. Estas herramientas permiten a los participantes revisitar la información compartida durante la reunión, facilitando la actualización sobre los próximos pasos y las tareas por realizar.

Por último, el cierre de la reunión debe servir como un momento para aclarar dudas y permitir que los participantes hagan comentarios finales. Esto demuestra la importancia de cada persona presente en la discusión y crea un entorno colaborativo y transparente, permitiendo que todos avancen en la misma dirección y logren resultados concretos.

PRACTICA

69. Siempre realiza un cierre. Un resumen. ¿Qué se definió?

MARCA EL ÍCONO DEL QUE PARTES PARA CONOCER TU PROGRESO

- Al final de cada reunión, resume lo que se discutió y qué puntos se definieron.
- Aclara dudas y preguntas sobre lo establecido.
- Anota y asegúrate de que las actividades determinadas tengan un plazo y responsable.
- Informa cómo se hará el seguimiento de las acciones determinadas.

69

70. Determina cuándo es necesario un seguimiento

El seguimiento de las acciones es un punto crucial que debe mencionarse en el cierre de la reunión. Es importante aclarar cómo se supervisarán las actividades y qué métricas se utilizarán para evaluar el progreso. Establecer mecanismos de seguimiento ayuda a garantizar que las tareas se completen en los plazos establecidos y que cualquier desafío potencial se identifique y resuelva de inmediato.

Determinar cuándo es necesario un seguimiento es fundamental para asegurar que los temas discutidos en las reuniones se sigan de cerca y no se pierdan con el tiempo. No todos los asuntos requieren nuevas reuniones, y comprender el tipo de asunto tratado y las acciones definidas es esencial para decidir el mejor enfoque de seguimiento.

Para asuntos que implican actividades técnicas o tareas específicas, puede ser más eficiente utilizar otras formas de seguimiento, además de las reuniones presenciales. Informes periódicos, presentaciones o seguimientos a través de plataformas de gestión de proyectos son alternativas que permiten el monitoreo del progreso de las actividades de manera más ágil y objetiva. De esta manera, se puede evitar la realización de reuniones solo para presentar resultados, optimizando el tiempo y los recursos del equipo.

Sin embargo, hay asuntos que requieren etapas continuas de desarrollo y que involucran la participación de diferentes personas. En estos casos, es recomendable programar un seguimiento justo después de la reunión inicial, definiendo claramente lo que se tratará en la próxima sesión. Esta anticipación permite que los involucrados ya estén conscientes de que habrá una continuación y puedan prepararse adecuadamente para la discusión.

Con relación a las reuniones fijas, aquellas que ocurren regularmente en agendas preestablecidas, es importante hacer una actualización sobre los puntos discutidos en la reunión anterior. Este breve resumen al comienzo de la reunión ayuda a recordar los temas ya abordados y a verificar si hay tareas pendientes o acciones que deben retomarse. De esta manera, el equipo mantiene el seguimiento de los asuntos en curso y evita olvidos o descuidos.

Al adoptar estas prácticas, es posible maximizar la productividad de las reuniones y asegurarse de que los objetivos se logren de manera más eficiente, sin perder de vista las actividades establecidas en reuniones anteriores.

70

PRACTICA

70. Determina cuándo es necesario un seguimiento.

NADA   MUY POCO   POCO   MUCHO   MÁXIMO

MARCA EL ÍCONO DEL QUE PARTES PARA CONOCER TU PROGRESO

- Identifica qué asuntos necesitan seguimiento para evitar reuniones innecesarias.
- Utiliza otros canales como fuente de respuestas y acciones de seguimiento (aplicaciones de gestión de tareas y proyectos, por ejemplo).
- Si algo requiere seguimiento, haz una cita inmediatamente con los participantes presentes. Acuerda lo que se debe hacer y tráelo a la próxima reunión.

MENOS TEXTO, MÁS IMPACTO: HÁBITOS SOBRE PRESENTACIONES

71. Crea un guion y ten una estructura clara

Al llevar a cabo una presentación, es fundamental contar con un bien estructurado y una organización clara del contenido. La definición de uno nos ayuda a alcanzar el objetivo deseado y transmitir nuestro mensaje de manera efectiva al público.

El primer paso consiste en planificar cuidadosamente cómo abordaremos el tema de la presentación. La introducción es el momento de captar la atención de la audiencia, despertando el interés y estableciendo la relevancia del tema a discutir. En este momento, podemos utilizar historias, datos impactantes o incluso plantear una pregunta provocativa para involucrar al público desde el principio.

A continuación, es importante dividir el contenido en partes distintas durante el desarrollo de la presentación. Cada parte debe estar bien definida y organizada, con una transición suave entre ellas. Podemos utilizar títulos y subtítulos para señalar el cambio de temas, haciendo la estructura más clara para la audiencia.

En el desarrollo, exploramos los temas en detalle, presentando argumentos, ejemplos y evidencias que respalden nuestro mensaje. Es esencial mantener un equilibrio entre la información relevante y el tiempo de presentación, evitando abrumar al público con demasiados detalles.

La conclusión es la oportunidad de sintetizar los puntos principales abordados y reforzar el mensaje central de la presentación. Podemos resaltar los aspectos más importantes, resumir las principales conclusiones y hacer un llamado a la audiencia para que tome alguna acción o reflexione sobre el tema presentado.

Además, es válido considerar el uso de recursos visuales, como diapositivas, gráficos o videos, para enriquecer la presentación y hacerla más dinámica y atractiva. Sin embargo, es esencial que estos recursos estén alineados con el guion y la estructura de la presentación, complementando el contenido en lugar de desviarse de él.

Por lo tanto, para una presentación exitosa, es indispensable tener un guion y una estructura clara en mente. Esto nos ayuda a prepararnos mejor para la exposición. Al saber exactamente qué abordar en cada etapa, nos sentimos más confiados y preparados para transmitir nuestro mensaje de manera segura y contundente. De esta manera, podemos captar la atención del público, transmitir nuestro mensaje de manera organizada e impactante y alcanzar el objetivo deseado.

PRACTICA

71. Crea un guion y ten una estructura clara.

NADA   MUY POCO   POCO   MUCHO   MÁXIMO

MARCA EL ÍCONO DEL QUE PARTES PARA CONOCER TU PROGRESO

- Crea un guion antes de comenzar a construir una presentación. Establece una secuencia lógica entre los temas tratados.
- Divide tu presentación en introducción, cuerpo y conclusión. Por obvio que parezca, muchas presentaciones no cuentan con los elementos necesarios en cada una de las partes.
- Siempre ten un propósito con la presentación. ¿Qué esperas que los participantes entiendan y aprendan?

71

72. Establece un tiempo para la presentación o intervenciones

Al realizar una presentación o dar un discurso en público, es esencial, además de establecer un guion claro, determinar el tiempo para cada tema o diapositiva. Contar con un guion estructurado nos permite llevar a cabo la presentación de manera organizada, asegurando que todos los puntos importantes sean abordados y que se respete el tiempo total de la presentación.

Al planificar la presentación, es importante definir el tiempo que se dedicará a cada tema o sección. Esto ayuda a evitar la sobrecarga de información en un solo punto y a mantener la fluidez de la presentación. El público comprende con mayor claridad la idea que el presentador quiere transmitir y sigue más fácilmente su línea de pensamiento.

La regla general de utilizar aproximadamente un minuto por diapositiva es un buen punto de partida, pero es importante recordar que esta no es una regla absoluta. La duración de cada diapositiva puede variar dependiendo del contenido y la complejidad del tema. Algunas presentaciones más detalladas pueden requerir más tiempo por tema, mientras que otras más sucintas pueden abordar varios temas en una sola imagen. Esto dependerá del propósito de tu presentación y de cómo estructures el contenido y el guion.

Si hay participación de otras personas, es aún más relevante determinar los tiempos individuales de habla para que el flujo no se vea comprometido. Deja en claro los momentos de interacción y dirige la participación de terceros en línea con tu planificación. La gestión del tiempo es extremadamente importante en este aspecto para evitar que se atropelle el resto del contenido.

Uno de los principales beneficios de establecer tiempos para la presentación es que esto permite mantener al público comprometido y evitar que la presentación se vuelva cansada y monótona. Una presentación bien cronometrada transmite la sensación de que el presentador tiene el control del tema y valora el tiempo de los espectadores.

Por lo tanto, al crear una presentación o discurso, es fundamental estructurar el contenido y determinar los tiempos para cada tema o diapositiva. La práctica y el ajuste continuo aseguran que la presentación se lleve a cabo de manera efectiva, manteniendo el interés del público y cumpliendo con el tiempo establecido previamente. Al hacerlo, estarás preparado para transmitir tu mensaje de manera clara, concisa y cautivadora.

PRACTICA

72. Establece un tiempo para la presentación o intervenciones.

NADA   MUY POCO   POCO   MUCHO   MÁXIMO

MARCA EL ÍCONO DEL QUE PARTES PARA CONOCER TU PROGRESO

- Determina el tiempo total de su presentación y cuánto debe consumir cada diapositiva o parte. Mantenlo claro y escríbelo para manejarlo durante la presentación.
- Usa funciones como temporizadores para administrar el tiempo durante tu presentación.
- Establece tiempos de uso de la palabra para los participantes o para las interacciones y dirige para evitar que se exceda en el tiempo total.

73. Practica tu presentación antes y finaliza en el tiempo adecuado

Para asegurar una presentación exitosa e impactante, es esencial establecer momentos de ensayo y revisión. Al practicar tu presentación, tienes la oportunidad de familiarizarte con el contenido y ganar confianza en la forma en que abordas los temas. Esto te permite identificar áreas que necesitan mejorar, ajustar el ritmo de tu discurso y asegurarte de que todos los temas importantes se aborden de manera clara y concisa.

Cronometrar el tiempo de cada tema es crucial para asegurarte de que la presentación encaje en el tiempo disponible. Esto ayuda a evitar prisas al final o dejar de abordar temas importantes debido a una mala gestión del tiempo. Tomar notas durante los ensayos también puede servir para recordar detalles importantes y mantener la presentación coherente.

Además de conocer bien el contenido, es importante considerar el contexto del público que escuchará la presentación. Al comprender las necesidades e intereses de los espectadores, puedes adaptar tu enfoque para hacer que el mensaje sea más relevante y atractivo para la audiencia. Ensayar no implica que la presentación deba ser robótica, al contrario, necesitas practicar para transmitir el contenido de la manera más natural posible, de acuerdo con la audiencia presente.

Cuando se trata del tiempo de duración, respetar el límite establecido demuestra profesionalismo y respeto hacia el público. Al exceder el tiempo asignado, podrías perder la atención de los

73

espectadores y transmitir una impresión negativa. Mantenerte dentro del tiempo adecuado demuestra que has planificado y ejecutado la presentación de manera eficiente, valorando el tiempo de todos los presentes.

Una técnica útil para terminar en el tiempo adecuado es dejar un margen de tiempo al final de la presentación para posibles preguntas o interacciones con la audiencia. Esto ayuda a asegurar que incluso si hay discusiones adicionales, la presentación no se extienda más allá del tiempo previsto.

En resumen, al conocer bien el contenido, adaptar tu enfoque al contexto del público y gestionar el tiempo de manera eficiente, estarás más preparado para transmitir tu mensaje de manera impactante y atractiva. Recuerda que la práctica y la planificación son esenciales para el éxito de cualquier presentación.

PRACTICA

73. Practica tu presentación antes y finaliza en el tiempo adecuado.

NADA   MUY POCO   POCO   MUCHO   MÁXIMO

MARCA EL ÍCONO DEL QUE PARTES PARA CONOCER TU PROGRESO

- Entrena tu presentación al menos dos veces antes de realizarla. Ajusta según sea necesario de una prueba a otra.
- Cronometra la presentación e identifica si el contenido se distribuye y está equilibrado a lo largo del tiempo.
- Resalta los puntos importantes para abordar durante la presentación y evita detenerte en un solo tema.
- Escribe, para cada diapositiva o tema, en qué minuto debes alcanzarlo o terminarlo para mantener el control.

73

74. Reduce el contenido textual y aumenta el impacto visual

Cuando realizas una presentación, es importante priorizar el uso de elementos visuales impactantes en lugar de abrumar las diapositivas con mucho contenido escrito. La incorporación de imágenes, gráficos y videos ayuda a ilustrar tus ideas de manera más clara y cautivadora para la audiencia.

Al reducir el contenido de texto, evitas que los espectadores se sientan abrumados por información excesiva. Esto les permite enfocarse en el mensaje principal que estás transmitiendo en lugar de distraerse con largos bloques de texto. Prioriza en este caso la información esencial y relevante que respalde tus puntos principales y los objetivos de la presentación.

Por otro lado, al utilizar más recursos visuales, haces que la presentación sea más dinámica e interesante. Las imágenes y los gráficos pueden crear conexiones emocionales con la audiencia y facilitar la comprensión de los conceptos. Recuerda que las personas tienden a asimilar la información de manera más efectiva cuando se presenta de manera visualmente atractiva.

Otro punto importante es nunca simplemente leer lo que está en las diapositivas. La presentación debe servir como soporte visual para tus ideas, y tú debes ser la figura principal para transmitir el contenido.

Utiliza notas y un guion para guiar tu discurso y mantener el enfoque de la audiencia en ti como presentador y en el tema presentado. Esto crea una conexión más personal con los espectadores en lugar de hacerlos leer solo la información en las diapositivas.

Las notas te permiten estar bien preparado y seguro durante la presentación, además de asegurarte de no olvidar ningún punto importante que deseas abordar. Sirven como guía para dirigir tu discurso y recordarte transmitir el mensaje de manera clara y precisa.

Al adoptar un enfoque visualmente atractivo y utilizar notas como apoyo, lograrás involucrar mejor a la audiencia, transmitir tu mensaje con más eficacia y hacer que tu presentación sea memorable. Recuerda que el equilibrio entre contenido visual, textos e información verbal es esencial para crear una presentación impactante y exitosa.

74

PRACTICA

74.Reduce el contenido textual y aumenta el impacto visual.

- Usa menos texto en las diapositivas. Deja solo puntos clave y contenido de apoyo para el mensaje previsto.
- La mayoría del contenido textual debe provenir del remitente. Por lo tanto, ten tus notas de todo lo que necesitas para comunicar.
- Tu presentación debe ser visualmente atractiva. Utiliza los recursos de diseño disponibles en los programas y plataformas de presentación en línea.

75. Evita distracciones. Concéntrate en la presentación

Durante una presentación, es crucial evitar distracciones que puedan afectar tu desempeño y desviar la atención del público. Uno de los principales culpables de la falta de concentración en los tiempos modernos es el uso de dispositivos como teléfonos móviles y computadoras, que a menudo emiten notificaciones. Para asegurar el éxito y el impacto de tu exposición, es fundamental tomar medidas para reducir la posibilidad de pérdida de concentración.

En primer lugar, desactiva todas las notificaciones auditivas de tu teléfono móvil y computadora antes de comenzar la presentación. Esto incluye mensajes de texto, correos electrónicos, redes sociales y cualquier otra aplicación que pueda generar alertas sonoras. Estas notificaciones tienen el potencial de interrumpir tu discurso y desviar tanto tu atención como la de la audiencia, perjudicando el ritmo y la comprensión de la presentación.

Además, es aconsejable poner el teléfono móvil en modo silencioso o activar el modo avión durante la presentación. Esto asegurará que ninguna notificación visual interrumpa tu concentración o cause distracciones innecesarias.

Es importante recordar que la audiencia se da cuenta cuando hay distracciones, lo que puede afectar negativamente la atención y la comprensión del tema abordado en tu exposición.

75

Otra medida importante es cerrar todas las aplicaciones innecesarias en la computadora antes de comenzar la presentación. Esto incluye programas técnicos, mensajes, correos y otras aplicaciones que puedan generar notificaciones o interrupciones. Mantén abiertos solo los recursos y archivos pertinentes a la presentación, lo que te permitirá concentrarte plenamente en el contenido y los mensajes que deseas transmitir.

Al evitar distracciones, estarás más enfocado y seguro durante la presentación, lo que transmitirá una imagen profesional y confiada a la audiencia. Además, garantizarás que la atención de los espectadores esté completamente centrada en ti y en el contenido que estás presentando.

Por lo tanto, antes de comenzar tu exposición, realiza una verificación rápida para asegurarte de que todas las notificaciones estén desactivadas y que no haya aplicaciones superfluas en funcionamiento. Al eliminar las distracciones, crearás un entorno propicio para una presentación exitosa, en la que tu mensaje sea comprendido y apreciado claramente por la audiencia.

PRACTICA

75. Evita distracciones. Concéntrate en la presentación.

- Apaga, pon en modo avión, o al menos silencia tu celular durante una presentación.
- Cierra todas las aplicaciones en la computadora que no serán necesarias para la presentación.
- Pide también a los participantes que eliminen sus notificaciones o, en el caso de presentaciones en línea, que silencien sus micrófonos. Usa las funciones de anfitrión en las plataformas de reuniones para controlar esto.

75

76. Interactúa con la audiencia. Interpreta las reacciones del público

Interactuar con la audiencia y observar sus reacciones es esencial para garantizar el compromiso y la eficacia de una presentación. A través de las reacciones del público, puedes evaluar si el contenido se está comprendiendo bien, si está captando el interés de los espectadores y si estás transmitiendo el mensaje de manera clara y cautivadora.

En presentaciones presenciales, es más fácil analizar las reacciones de la audiencia, ya que puedes observar las expresiones faciales, el lenguaje corporal y recibir *feedback* inmediato a través de miradas, sonrisas y gestos.

Sin embargo, en presentaciones en línea, esta interacción puede parecer más desafiante, puesto que la distancia física puede limitar la visualización de las reacciones de los participantes.

No obstante, es posible superar este problema y fomentar la interacción incluso en presentaciones en línea. Una manera es pedir a los participantes que activen sus cámaras durante la presentación, lo que te permitirá ver sus expresiones y reacciones. Esto brinda una sensación de mayor cercanía y te permite ajustar tu enfoque según el *feedback* visual que recibas.

Además, aprovecha los recursos disponibles en las plataformas de reuniones en línea para interactuar con la audiencia. Haz preguntas a lo largo de la presentación, por ejemplo, y pide a los participantes que respondan en el chat o a través de encuestas en la propia plataforma. Estas interacciones pueden mantener al público comprometido y permitirte ajustar el contenido según las necesidades e intereses de la audiencia.

Otra sugerencia es estar atento al ritmo de la presentación y a la reacción del público. Si notas que las personas muestran impaciencia, desinterés o confusión, considera hacer pausas estratégicas para aclarar puntos importantes o permitir que los participantes hagan preguntas y comentarios.

Interactúa y no sigas adelante si sientes que no hay interés. Recupera la atención y el enfoque de la audiencia y tráelos de vuelta a tu línea de pensamiento. Recuerda que una presentación exitosa es aquella que logra conectarse con la audiencia, transmitiendo el mensaje de manera clara y cautivadora.

Al interactuar con la audiencia y leer sus reacciones, puedes ajustar tu enfoque y asegurarte de que la presentación alcance sus objetivos de manera efectiva. Por lo tanto, no subestimes la importancia de la interacción durante tus presentaciones y utiliza los recursos disponibles para crear un ambiente colaborativo y atractivo para todos los participantes.

76

PRACTICA

76. Interactúa con la audiencia. Interpreta las reacciones del público.

| NADA | MUY POCO | POCO | MUCHO | MÁXIMO |

MARCA EL ÍCONO DEL QUE PARTES PARA CONOCER TU PROGRESO

- Estate siempre atento a las reacciones de los espectadores. Gestiona el tiempo, el progreso y el contenido según la lectura realizada.
- En las reuniones en línea, pide a los participantes que mantengan sus cámaras encendidas.
- Interactúa con el público a través de preguntas, señalamientos, encuestas. Sin embargo, cuida que tus objetivos se cumplan, especialmente la gestión del tiempo.

77. Conoce a tu público, adáptate y ajusta tu forma de hablar según los presentes

Conocer a la audiencia y adaptar la forma de hablar son prácticas fundamentales para garantizar el éxito de una presentación. Cada audiencia es única, con diferentes intereses, conocimientos y expectativas, y es responsabilidad del presentador asegurarse de que el mensaje sea comprendido y asimilado por los espectadores.

La investigación previa sobre la audiencia es esencial para personalizar el contenido y el lenguaje de la presentación. Basándote en esta investigación, puedes identificar cuáles son los temas de mayor interés y relevancia para la audiencia, así como el nivel de conocimiento que tienen sobre el tema. Esto es válido no solo para presentaciones ante audiencias "desconocidas", sino también para presentaciones dentro de una empresa.

La adaptación del lenguaje es igualmente importante. Evita jergas técnicas o términos complejos que puedan no ser comprendidos por todos. Si te estás presentando ante una audiencia que no está familiarizada con un tema en particular, es importante explicar conceptos básicos y utilizar un lenguaje accesible. Por otro lado, si te estás presentando ante una audiencia especializada, puedes profundizar más en los detalles y utilizar un lenguaje más técnico.

Además, mantén atención a las reacciones de la audiencia durante la presentación. Observa si las personas están siguiendo, si están comprometidas, si hacen preguntas o muestran confusión. Estas reacciones son pistas importantes para ajustar tu enfoque según sea necesario. Si notas que la audiencia está perdida, simplifica el contenido. Si percibes que están interesados, profundiza en ciertos temas.

La flexibilidad y adaptabilidad son cualidades esenciales de un buen presentador. No se trata de improvisar, sino de responder a las necesidades y expectativas de la audiencia. Después de todo, el objetivo de una presentación es transmitir un mensaje de manera clara y efectiva, y esto solo es posible cuando nos conectamos con la audiencia y entregamos el contenido de manera adecuada para ellos.

Por lo tanto, al prepararte para una presentación, dedica tiempo a conocer a la audiencia objetivo y personaliza tu enfoque según sus características. Mantén la mente abierta para hacer ajustes durante la presentación en función de las reacciones de los espectadores. Con este enfoque adaptable, estarás aumentando significativamente las posibilidades de éxito de tu presentación y dejando un impacto duradero en los participantes.

PRACTICA

77.Conoce a tu público, adáptate y ajusta tu forma de hablar según los presentes.

- Identifica de antemano quién es la audiencia que participa en tu presentación y ajusta el contenido para una mejor comprensión.
- Incluso en reuniones de trabajo donde ya conoce a tus compañeros, identifica el nivel de conocimiento de los participantes y profundiza o contextualiza el tema para una mayor absorción.
- Durante la presentación, observa las reacciones, dudas e interés de la audiencia y adapta el ritmo, el lenguaje y los ejemplos para una mayor comprensión.

78. Lidera la presentación según tus objetivos y no los de quienes te escuchan

Puede parecer extraño, pero conducir una presentación de acuerdo con tus propios objetivos en lugar de los de los espectadores es esencial para garantizar que el mensaje se transmita de manera clara y efectiva.

Es importante que tengas un plan bien estructurado y un objetivo definido para tu presentación. La división del contenido, la construcción del razonamiento y el orden de los temas deben estar alineados con tus objetivos principales.

Sin embargo, es importante reconocer que durante una presentación pueden surgir interacciones y situaciones inesperadas que pueden poner en riesgo el flujo planeado. Interrupciones, preguntas de la audiencia o la presencia de espectadores que influyan en el enfoque pueden ser desafíos a enfrentar. En esos momentos, es crucial saber cómo sortear esas situaciones sin perder el control de la presentación.

Una estrategia útil es establecer una agenda o guion al comienzo de la presentación. Esto permitirá que todos sepan qué esperar y cómo se llevará a cabo la presentación. Puedes mostrar el plan de la presentación, incluyendo los temas a tratar y el tiempo estimado para cada uno de ellos. Si hay espacio para interacciones, preguntas o discusiones, comunica claramente en qué momento esas interacciones serán bienvenidas.

Si alguien te interrumpe durante la presentación, sé educado y agradece su participación. Luego, guía a la persona hacia el guion establecido, explicando que el tema se abordará en un momento posterior, por ejemplo, o en otra oportunidad. Esto ayuda a mantener el enfoque en la secuencia planificada y evita que la presentación se desvíe.

Adaptarse a las circunstancias es importante, pero esto no significa perder el control de la presentación. Al mantener la fidelidad a tus objetivos y al plan establecido, aseguras que tu mensaje se entregue de manera efectiva.

Si surgen preguntas pertinentes, puedes considerar incluirlas en tu presentación, pero siempre asegurándote de que estén alineadas con tus objetivos y no desvíen el enfoque principal.

Recuerda que, como presentador, eres el conductor de la presentación y tienes la responsabilidad de guiar a la audiencia hacia tus objetivos. Al adoptar un enfoque estructurado y proactivo, aumentas la probabilidad de lograr el éxito en tu presentación y dejar una impresión positiva en los espectadores.

77

PRACTICA

78. Lidera la presentación según tus objetivos y no los de quienes te escuchan.

| NADA | MUY POCO | POCO | MUCHO | MÁXIMO |

MARCA EL ÍCONO DEL QUE PARTES PARA CONOCER TU PROGRESO

- Determina un objetivo y misión para tu presentación desde el principio.
- Escribe y ensambla el razonamiento para que toda la audiencia entienda lo que pretendes.
- Establece una agenda al comienzo de la presentación para que todos los involucrados sepan qué se tratará y cuándo pueden participar o escuchar algo.
- En caso de interrupciones, da las gracias, muévete lo más rápido posible y regresa a la ruta establecida.

79. Deja espacio para comentarios, dudas, preguntas (al final)

Normalmente, dejar espacio para comentarios, dudas y preguntas al final de la presentación es una estrategia muy efectiva para fomentar la interacción con la audiencia y aclarar posibles dudas o malentendidos. Este enfoque ofrece una serie de beneficios para ambas partes involucradas.

En primer lugar, al establecer un momento específico para las interacciones, garantizas que la presentación siga el guion previamente planeado, permitiéndote abordar todos los puntos importantes y mantener el control del tiempo. De esta manera, la audiencia tendrá una experiencia más organizada y bien estructurada, aumentando la probabilidad de comprensión y absorción del contenido.

Además, permitir que la audiencia participe al final de la presentación ofrece la oportunidad de consolidar el conocimiento transmitido. Al escuchar las dudas y preguntas de los participantes, puedes aclarar información importante, proporcionar ejemplos adicionales y ofrecer diferentes perspectivas que complementen el contenido presentado. Esta interacción enriquece la experiencia de la audiencia, permitiéndole sentirse más involucrada y comprometida con el tema.

Otro aspecto relevante es que las preguntas y comentarios de la audiencia pueden brindar retroalimentación valiosa para el presentador. A través de las cuestiones planteadas, puedes identificar puntos de mejora, áreas de interés del público y posibles lagunas en el contenido presentado. Esto te permite mejorar tus futuras presentaciones y adaptar tu estilo de comunicación a las necesidades del público.

Por último, la interacción al final de la presentación crea un ambiente más abierto y colaborativo, donde los participantes se sienten cómodos compartiendo sus opiniones, ideas y experiencias. Este intercambio de conocimientos puede enriquecer aún más la discusión y generar ideas considerables para todos los involucrados.

Por lo tanto, al dejar espacio para comentarios, dudas y preguntas al final de la presentación, fomentas una experiencia más interactiva, atractiva y enriquecedora para la audiencia, al mismo tiempo que mantienes el control y la eficiencia del contenido que deseas transmitir. Este enfoque equilibrado resulta en presentaciones más impactantes y exitosas, beneficiando tanto al presentador como a los participantes.

PRACTICA

79.Deja espacio para comentarios, dudas, preguntas (al final).

NADA   MUY POCO   POCO   MUCHO   MÁXIMO

MARCA EL ÍCONO DEL QUE PARTES PARA CONOCER TU PROGRESO

- Siempre es bueno escuchar comentarios sobre tus presentaciones, así que crea el momento adecuado al final de cada una.
- Permite que los participantes hagan preguntas, aclaren dudas, interactúen con el contenido presentado. Sin embargo, prefiere hacerlo al final para no perturbar el progreso del contenido presentado.
- Si alguien trae algo que no sabes cómo responder, establece algún tipo de contacto con la persona y envíaselo luego, esto demuestra interés y respeto por la audiencia.

79

80. Involucra a la audiencia, utiliza el *storytelling*. Concluye con impacto

En efecto, el uso del *storytelling* es una técnica poderosa para involucrar a la audiencia y hacer que la presentación sea más cautivadora e impactante. A través de historias relevantes y envolventes, creas una conexión emocional con los espectadores, captas su atención y haces que el contenido sea más memorable. Incluso, en presentaciones laborales, es posible incorporar elementos de esta técnica para enriquecer la narrativa y hacerla más atractiva.

Al utilizar historias, puedes ilustrar conceptos complejos de manera más clara y comprensible, permitiendo que la audiencia se identifique con las situaciones presentadas y comprenda cómo el contenido se aplica a la realidad. Este enfoque humaniza la presentación y la vuelve menos formal, creando un entorno propicio para la empatía y la conexión con el público.

Además, al personalizar el contenido según la audiencia, demuestras que te preocupas por los intereses y necesidades de los espectadores, lo que genera una mayor receptividad y compromiso por parte de ellos. Esto muestra que estás atento a sus preocupaciones y tienes la intención de ofrecer soluciones relevantes para sus vidas o negocios.

En cuanto a la conclusión de la presentación, es esencial que sea impactante y deje una impresión duradera en la mente de la audiencia. El cierre es el momento en el que refuerzas el mensaje principal y resaltas los puntos clave que deseas que los espectadores retengan.

Un cierre memorable se puede lograr a través de una cita poderosa que resuma la esencia de lo presentado, o una pregunta provocadora que estimule la reflexión de los participantes.

Además, es importante utilizar la conclusión como una oportunidad para realizar un llamado a la acción. Esto implica alentar a los espectadores a aplicar lo que se presentó en sus vidas o negocios, y dar un paso concreto con relación al contenido abordado. Esta llamada a la acción puede ser una invitación a explorar más sobre el tema, implementar una idea presentada o participar en una iniciativa relacionada con el tema.

Al involucrar a la audiencia con el *storytelling*, personalizar el contenido y cerrar con impacto, haces que tu presentación sea más cautivadora, relevante y memorable. Estas estrategias ayudan a transmitir tu mensaje con eficacia, asegurando que permanezca con los espectadores y genere un impacto significativo y duradero.

80

PRACTICA

80. Involucra a la audiencia, utiliza el *storytelling*. Concluye con impacto.

| NADA | MUY POCO | POCO | MUCHO | MÁXIMO |

MARCA EL ÍCONO DEL QUE PARTES PARA CONOCER TU PROGRESO

- Prefiere utilizar historias para transmitir tus mensajes. Por lo general, estos se absorben de forma natural y más eficaz.
- En presentaciones técnicas, usa el concepto de storytelling para crear tu línea de razonamiento y guiar a la audiencia hacia tu objetivo.
- Si no es posible usar historias, intenta personalizar el contenido. Mencionar los nombres de los participantes para captar la atención es una buena técnica para atraer a la audiencia.

MENOS "YO", MÁS "NOSOTROS": HÁBITOS SOBRE LIDERAZGO

81. Define claramente los roles de cada persona en tu equipo

Establecer claramente los roles de cada miembro en el equipo es el cimiento para construir un grupo sólido y cohesionado. Esta definición clara es un paso fundamental para lograr metas y objetivos de manera eficiente. Cuando cada persona tiene un conocimiento preciso de sus responsabilidades, el trabajo fluye de manera más armoniosa, evitando conflictos innecesarios y desperdicio de energía.

Además, al delinear las funciones individualmente, es posible identificar y optimizar las habilidades y talentos únicos de cada integrante. Este enfoque permite que el equipo trabaje en sinergia, aprovechando al máximo el potencial de cada uno para lograr resultados excepcionales.

Al definir claramente los roles, se crea una estructura ordenada de responsabilidades, asegurando que cada miembro sepa exactamente qué se espera de él y cómo su desempeño contribuye al conjunto. Esta transparencia fomenta un ambiente de confianza, ya que todos son conscientes de sus funciones y, por lo tanto, pueden tomar decisiones más fundamentadas y actuar con autonomía dentro de sus áreas de experiencia.

Además, una definición explícita de roles también facilita el proceso de gestión y supervisión. Los líderes tienen una visión clara de cómo encajan las piezas en el rompecabezas del proyecto o la empresa, lo que les permite identificar posibles brechas o fallos, así como superposiciones en las funciones. Esto posibilita una mejor asignación de recursos y una mayor eficiencia en la realización de responsabilidades y operaciones.

Asimismo, cuando los miembros del equipo saben que sus contribuciones son valoradas y que tienen un papel crucial en el funcionamiento del equipo, se sienten más comprometidos y dedicados al trabajo. Esta sensación de propósito aumenta la satisfacción personal y profesional, lo que a su vez se traduce en un ambiente laboral más productivo y propositivo.

Como resultado, al establecer claramente los roles de cada persona en el equipo, creamos una estructura más organizada en la que cada miembro conoce bien su función y propósito, contribuyendo al desarrollo del equipo, comprometido con las actividades, proyectos y responsabilidades, invirtiendo menos tiempo y esfuerzo en este proceso. Una medida valiosa y acertada para lograr el éxito colectivo.

PRACTICA

81. Define claramente los roles de cada persona en tu equipo.

NADA   MUY POCO   POCO   MUCHO   MÁXIMO

MARCA EL ÍCONO DEL QUE PARTES PARA CONOCER TU PROGRESO

- Define los roles y funciones de tu equipo desde el proceso de selección.
- Establece objetivos de desarrollo de uno, tres, seis y doce meses para cada miembro del equipo.
- Crea evaluaciones de desempeño con base en objetivos establecidos para que cada uno conozca su grado de evolución.

81

82. No transfieras responsabilidades

Delegar es una habilidad esencial para cualquier líder, pero muchos enfrentan desafíos al comprender la verdadera esencia de esta práctica. Delegar no se trata simplemente de transferir una tarea a otro miembro del equipo y considerarla "resuelta". Por el contrario, delegar requiere un cuidadoso proceso de análisis, dirección cuando sea necesario, seguimiento y proporcionar apoyo continuo.

Algunos líderes pueden confundir la idea de delegación con una forma de desvincularse de sus responsabilidades, lo que puede resultar en fallas en el proceso, en el desarrollo del equipo y en el logro de los objetivos.

Para que la delegación sea efectiva, es esencial primero comprender que existen diferentes niveles de liderazgo: el nivel estratégico, que implica decisiones de alto nivel y planificación a largo plazo; el nivel táctico, que se enfoca en convertir la estrategia en acciones prácticas, y el nivel operativo, responsable de la ejecución diaria de las tareas.

Comprender las necesidades, capacidades y niveles de habilidad de cada miembro del equipo es un aspecto crucial para un liderazgo efectivo.

Además, como líder, ciertas tareas y funciones específicas deben mantenerse bajo la ejecución o supervisión directa del liderazgo, ya que su experiencia y visión estratégica son fundamentales para esas actividades.

Al recibir una tarea, es primordial que el líder evalúe a qué nivel se aplica y luego considere si la delegación es adecuada y beneficiosa para el desarrollo del equipo.

La delegación adecuada implica compartir responsabilidades, pero no es una simple transferencia de cargas. En cambio, es una oportunidad para empoderar a los miembros del equipo, desarrollar sus habilidades y fomentar su crecimiento profesional.

Al establecer un sólido proceso de delegación, los líderes no solo distribuyen tareas, sino que también comparten responsabilidades y autoridad. Esto crea un entorno en el que la confianza y la colaboración se fortalecen.

Sin embargo, esta delegación no debe confundirse con la abdicación. Los líderes aún deben mantener una conexión directa con las actividades críticas que requieren sus habilidades únicas y perspicacia estratégica.

El verdadero arte del liderazgo radica en comprender el equilibrio entre mantener tareas cruciales bajo control y empoderar al equipo a través de la delegación. Este enfoque inteligente y estratégico garantiza un crecimiento continuo, tanto para los miembros del equipo como para la organización en su conjunto.

82

PRACTICA

82. No transfieras responsabilidades.

- Evalúa el nivel de actividades a realizar. Estratégico, queda con el liderazgo, táctico con los coordinadores y gerentes y operativo con el equipo ejecutor.
- Establece canales de seguimiento y supervisión de las actividades.
- Da soporte a todos los niveles para una ejecución adecuada y resultados alineados con las expectativas.

83. Orienta e instruye, pero no resuelvas en lugar de los demás

El rol del líder va mucho más allá de ser el solucionador de problemas instantáneos. Aunque es tentador resolver todo por cuenta propia, este mal hábito puede resultar en un desarrollo estancado y un equipo desmotivado. Orientar e instruir son prácticas fundamentales para un líder eficaz, pero es igualmente importante permitir que el equipo enfrente desafíos y aprenda de los errores.

Al tomar la delantera en cada situación problemática, el líder puede lograr resultados inmediatos, pero el verdadero crecimiento ocurre cuando se alienta al equipo a asumir responsabilidades y buscar soluciones por sí mismo. Después de todo, es a través de los desafíos y las dificultades que ocurre el aprendizaje y la madurez.

Delegar tareas y confiar en los miembros del equipo para encontrar soluciones, fortalece sus habilidades y los capacita para manejar obstáculos futuros de manera más eficiente. Es importante reconocer que permitir que el equipo cometa errores puede parecer aterrador, sin embargo, estos errores pueden convertirse en valiosas oportunidades de aprendizaje.

En lugar de criticar y corregir de inmediato, el líder puede utilizar los errores como punto de partida para conversaciones constructivas, identificando las lecciones aprendidas e incentivando la mejora continua. Este enfoque crea un ambiente de confianza donde los miembros del equipo se sienten

83

cómodos, compartiendo sus ideas y aprendiendo de los errores cometidos.

Además, al no resolverlo todo por los demás, el líder también demuestra respeto por la autonomía y habilidades individuales de los miembros del equipo. Cada persona tiene sus propias experiencias y perspectivas, y permitir que contribuyan a la resolución de problemas, enriquece el proceso de toma de decisiones y promueve un sentido de propiedad en las soluciones encontradas.

Frente a dificultades, instruye, orienta, pero no resuelvas por los demás, fomentando así el desarrollo de cada individuo y el crecimiento del equipo. Un liderazgo capacitador da como resultado un equipo más resiliente, motivado e independiente, listo para superar cualquier obstáculo que surja en su camino.

Alentar el desarrollo de las habilidades del equipo a través del aprendizaje continuo es una inversión valiosa para el crecimiento sostenible del equipo y el logro de resultados duraderos.

PRACTICA

83. Orienta e instruye, pero no resuelvas en lugar de los demás.

- Oriente, no resuelvas. No hagas por el otro lo que no está bien ejecutado. Muestra cómo hacerlo. Enseña.
- Pide al equipo que participe en un problema. La contribución es bienvenida, pero las decisiones son tuyas.
- Utiliza el error como punto de partida para la búsqueda de la solución.

83

84. Transmite seguridad para el ensayo y error

La seguridad es un pilar esencial en un liderazgo efectivo y en el desarrollo de un equipo productivo. Cuando los líderes transmiten confianza y fomentan un entorno propicio para el ensayo y error, se abren las puertas a un crecimiento significativo y a una cultura de aprendizaje continuo.

El primer paso para crear un entorno seguro es comprender que el ensayo y error son partes naturales del proceso de desarrollo. A través de estas experiencias, los miembros del equipo pueden explorar nuevos enfoques, probar soluciones innovadoras y, en última instancia, lograr resultados excepcionales.

Trabajar con miedo puede tener un impacto negativo significativo en el rendimiento del equipo. El temor a cometer errores puede llevar a la parálisis, inhibiendo la creatividad y la iniciativa de los colaboradores.

Además, la excesiva preocupación por evitar fallas puede llevar a una revisión excesiva de tareas simples, lo que ocasiona pérdida de tiempo y energía que podrían dirigirse a actividades más estratégicas.

Cuando el miedo a cometer errores es reemplazado por una actitud saludable de verlos como oportunidades de aprendizaje, el equipo se siente más alentado a explorar y buscar soluciones innovadoras para las actividades propuestas. Esto no implica que las variables no deban gestionarse cuidadosamente para reducir o prevenir errores.

La planificación adecuada sigue siendo crucial, ya que permite la minimización de obstáculos. Sin embargo, cuando ocurre un error, surge la oportunidad de extraer enseñanzas, aprender de la situación y realizar ajustes esenciales para alcanzar el objetivo establecido.

Un liderazgo que fomenta el ensayo y error demuestra una postura de apoyo y comprensión. Los líderes deben comunicarse abiertamente con el equipo sobre la importancia del proceso de aprendizaje, enfatizando que la mejora continua se valora más que la perfección inmediata, posicionándose como mentores, brindando retroalimentación constructiva y alentando la exploración de nuevas ideas.

Al hacerlo, demuestran que están dispuestos a respaldar a los miembros del equipo, incluso en momentos de dificultad. Un equipo que se siente respaldado y valorado por sus líderes está más comprometido, dedicado y comprometido en alcanzar los objetivos propuestos.

84

PRACTICA

84. Transmite seguridad para el ensayo y error.

NADA   MUY POCO   POCO   MUCHO   MÁXIMO

MARCA EL ÍCONO DEL QUE PARTES PARA CONOCER TU PROGRESO

- Sé abierto y transparente con el equipo. Que sepan que siempre podrán contar con tu comprensión y soporte.
- Establece canales de comunicación para que busquen el diálogo en caso de dudas, problemas y errores. Evita problemas.

_____

_____

_____

_____

_____

_____

_____

_____

_____

_____

_____

_____

_____

_____

85. En caso de errores, busca el origen de los problemas, no a los culpables

Tratar los errores de manera constructiva es esencial para fomentar un entorno de aprendizaje continuo y desarrollo profesional. Los errores son inherentes a cualquier actividad humana y, aunque sea un desafío complejo, reconocerlos como oportunidades de crecimiento es fundamental para el mejoramiento constante del equipo y del proceso de trabajo.

Cuando ocurren errores, es importante evitar buscar culpables y, en su lugar, enfocarse en investigar el origen de los problemas. Después de todo, los errores rara vez son resultados de negligencia o mala intención de las personas involucradas.

En muchas ocasiones, las fallas tienen sus raíces en procesos mal estructurados o inadecuados que no tienen en cuenta la realidad de los colaboradores o las necesidades del producto o servicio final.

Para minimizar la ocurrencia de errores, es fundamental tener procesos bien diseñados y alineados con las habilidades y conocimientos de los miembros del equipo. Invertir en la definición clara de roles y funciones, en la creación de flujos de trabajo bien estructurados, en revisiones y supervisión periódicas y en la implementación de medidas que garanticen la calidad del producto final, son acciones primordiales para evitar problemas recurrentes.

Una de las metodologías más conocidas y ampliamente utilizadas para la evaluación detallada de problemas y la investigaciónde las causas raíz es el Diagrama de Ishikawa, también conocido como Diagrama de Espina de Pescado o Diagrama de Causa y Efecto. Esta herramienta es extremadamente valiosa y relevante para aplicar en situaciones diversas en las que se enfrentan errores, dificultades u obstáculos.

La aplicación de esta técnica es ventajosa cuando se trata de resolver problemas de manera integral y sistemática. Los equipos pueden visualizar de manera clara y organizada las diversas categorías de posibles causas relacionadas con el problema central.

Estas categorías a menudo incluyen personas, procesos, materiales, entorno, entre otros, dependiendo de la naturaleza del problema en cuestión. Como resultado, el proceso de toma de decisiones se vuelve más fundamentado e informado, lo que permite implementar soluciones más eficaces y dirigidas.

Evaluar el origen de los errores también es una oportunidad para identificar posibles brechas de capacitación o necesidades de formación de los colaboradores. En lugar de simplemente señalar con el dedo, los líderes deben considerar si es necesario proporcionar más apoyo o recursos para que el equipo pueda realizar sus tareas con eficiencia.

PRACTICA

85. En caso de errores, busca el origen de los problemas, no a los culpables.

NADA   MUY POCO   POCO   MUCHO   MÁXIMO

MARCA EL ÍCONO DEL QUE PARTES PARA CONOCER TU PROGRESO

- Al identificar errores, busca investigar la fuente, no el final del problema.
- Para cada error, crea o modifica un proceso existente. Si ocurrió el error, probablemente se deba a que el proceso no es el ideal.
- Involucra al equipo para ideas, propuestas y soluciones.
- Si una persona vuelve a cometer el mismo error, concéntrate en el entrenamiento. Solo reemplaza como último recurso.

85

86. Establece metas y objetivos claros

Definir metas y objetivos con indicadores claros es el fundamento de un liderazgo eficaz y el éxito del equipo. Aunque el ambiente de trabajo y el respeto son fundamentales, no son suficientes para garantizar el progreso y el logro de los resultados deseados. Las metas bien establecidas proporcionan la dirección necesaria para guiar al equipo hacia el éxito.

Un líder no debe ser solo una figura amigable en el grupo, sino más bien un guía que orienta y lidera acciones estratégicas. En este sentido, establecer metas es fundamental, ya que estas responden a las preguntas cruciales: "¿hacia dónde vamos?" y "¿cómo llegaremos allí?". Tener metas claras le da al equipo un propósito claro y alinea los esfuerzos de todos hacia un objetivo común.

La definición de metas debe ser una actividad colaborativa, en la que el líder y el equipo trabajen juntos para establecer objetivos realistas y ambiciosos. Esto crea un sentido de propiedad y responsabilidad compartida, donde cada miembro del equipo se siente una parte importante del viaje hacia el éxito.

Además, el uso de indicadores de desempeño es una herramienta valiosa para medir el progreso y los resultados alcanzados a lo largo del camino. Estos indicadores brindan una visión objetiva del desempeño del equipo, permitiendo que el líder realice ajustes e intervenciones cuando sea necesario. Seguir el progreso también es una forma de incentivar y motivar al equipo, reconociendo los logros e identificando áreas que necesitan mejorar.

Independientemente de la metodología utilizada, lo más importante es asegurarse de que el equipo sepa claramente cuál es el objetivo final y el papel de cada miembro para lograrlo. Un equipo bien orientado es como un barco navegando con un rumbo claro, mientras que un equipo sin metas definidas es como un barco a la deriva, corriendo el riesgo de naufragar o llegar a un destino no deseado.

Como líder, es tu responsabilidad inspirar al equipo y proporcionar la visión necesaria para lograr el éxito. Las metas no solo impulsan el progreso, sino que también unen al equipo en un viaje común. Tu capacidad para inspirar es fundamental para elevar el ánimo y la motivación del equipo.

Al comunicar claramente la visión de lo que aspiran a lograr, les das a los miembros del equipo un propósito y una dirección. Esto les ayuda a entender la importancia del trabajo que están realizando y a darse cuenta de cómo sus contribuciones individuales encajan en un panorama más amplio.

PRACTICA

86. Establece metas y objetivos claros.

- Establece metas a largo plazo (cinco o diez años), mediano (doce meses) y corto plazo (mensual o trimestral).
- Comunique de forma clara y pública al equipo y a la empresa sus objetivos, metas e indicadores clave.
- Realiza revisiones periódicas de los resultados, modificando el curso de las acciones cuando corresponda, para lograr el objetivo establecido.

87. Comparte y difunde los resultados

Compartir los resultados es una práctica fundamental para mantener a todo el equipo alineado y comprometido en la búsqueda de objetivos comunes. Aunque puede parecer obvio, muchas empresas descuidan esta importante etapa de divulgación interna, reservando los resultados solo para revisiones a nivel estratégico o para la dirección. Sin embargo, compartir los resultados con todo el equipo es esencial para crear un ambiente de transparencia y colaboración.

Al divulgar los resultados internamente, el equipo adquiere una visión clara de su desempeño y de las metas alcanzadas. Esto proporciona un sentido de pertenencia y orgullo en los resultados obtenidos, estimulando la motivación y el sentimiento de trabajo exitoso. El equipo se siente reconocido y valorado, lo que puede impulsar la productividad y la búsqueda de nuevos logros. Además, al conocer las fortalezas del equipo, los líderes pueden dirigir los esfuerzos para mantener y mejorar esas áreas exitosas.

Por otro lado, cuando los resultados no cumplen las expectativas, es aún más crucial compartir esta información. Ocultar o ignorar los resultados negativos solo empeora el problema, lo que puede llevar a un ciclo de retroceso y estancamiento. Al hacer público el resultado, el equipo tiene la oportunidad de unirse en torno al desafío, buscando soluciones creativas y colaborativas para superar las dificultades.

La transparencia es una herramienta poderosa en estos momentos. Cuando los resultados no se logran, la honestidad en la comunicación demuestra que valoras al equipo y estás comprometido en enfrentar la realidad de frente. Esto, a su vez, alienta a los miembros del equipo a sentirse cómodos compartiendo sus perspectivas y contribuciones en la búsqueda de soluciones. Una cultura de transparencia también construye un equipo resistente y adaptable, que ve los desafíos como oportunidades para aprender y crecer.

El líder que comparte los resultados, tanto positivos como negativos, demuestra confianza en el equipo y en su capacidad para enfrentar desafíos. Es importante destacar que el compartir los resultados no debe ser solo un informe frío de números, sino una oportunidad para el diálogo y la reflexión. Es una práctica esencial para mantener a todos en la misma página y crear un ambiente de trabajo transparente, colaborativo y motivador.

PRACTICA

87. Comparte y difunde los resultados.

NADA   MUY POCO   POCO   MUCHO   MÁXIMO

MARCA EL ÍCONO DEL QUE PARTES PARA CONOCER TU PROGRESO

- Crea reuniones periódicas (mensuales, por ejemplo) para compartir resultados, aunque sean parciales, con el equipo.
- Difunde para toda la empresa los resultados del equipo para que todos sepan dónde están y cómo han evolucionado.
- Independientemente de los resultados, involucra al equipo para sugerir nuevas acciones y lograr los objetivos.

87

88. Comprométete con el aprendizaje continuo, incluido el tuyo

Como líder, estar comprometido con el aprendizaje continuo es un pilar fundamental para inspirar el desarrollo y el crecimiento de todo el equipo. La búsqueda constante de conocimiento y la disposición para aprender son esenciales para cualquier profesional, y aún más en roles de liderazgo, para mantenerse actualizado y ser capaz de fomentar un entorno de aprendizaje para los subordinados.

El aprendizaje continuo es una práctica que impulsa el crecimiento profesional de todos los miembros del equipo en todos los niveles. Al buscar constantemente adquirir nuevas habilidades, conocimientos y perspectivas, el líder se convierte en un modelo a seguir, alentando al equipo a seguir el mismo camino de mejora.

Es responsabilidad del líder transmitir el conocimiento adquirido, compartir experiencias relevantes y brindar oportunidades de capacitación, desarrollando a los subordinados y brindándoles herramientas para que puedan crecer en sus funciones y enfrentar desafíos con mayor confianza.

Compartir experiencias es una forma valiosa de fomentar el aprendizaje en el equipo. Al relatar situaciones pasadas en las que se han aprendido lecciones importantes, el líder está transmitiendo aprendizajes valiosos que pueden contribuir al desempeño colectivo en futuras actividades.

Esta es una forma simplificada de promover el desarrollo de todos, con un bajo costo y alta efectividad, ya que el líder proporciona ejemplos tangibles de cómo enfrentar desafíos y superar adversidades. Son situaciones prácticas y reales que ya se han enfrentado y que pueden moldear tanto a quienes las vivieron como a quienes las conocen.

Además, un liderazgo efectivo es aquel que sabe escuchar y valorar las ideas y perspectivas de los colaboradores. Este enfoque de aprendizaje mutuo crea un entorno de mayor integración, colaboración y respeto, fortaleciendo la conexión entre el líder y el equipo.

El aprendizaje continuo es una pieza clave para el crecimiento profesional y el éxito del equipo. Como líder, estar comprometido con el aprendizaje es una forma de inspirar y guiar a los subordinados hacia el desarrollo personal y profesional, fortaleciendo la conexión entre el equipo, creando una cultura de crecimiento e innovación.

Al estar siempre abierto al aprendizaje y al crecimiento, el líder demuestra que está dispuesto a evolucionar con el equipo, creando una asociación sólida y duradera hacia el éxito organizacional.

PRACTICA

88. Comprométete con el aprendizaje continuo, incluido el tuyo.

NADA   MUY POCO   POCO   MUCHO   MÁXIMO

MARCA EL ÍCONO DEL QUE PARTES PARA CONOCER TU PROGRESO

- Promueve la formación periódica del equipo, ya sea de contenido técnico o compartir experiencias.
- Permite que los miembros del equipo también presenten contenido a sus colegas. Promueve el intercambio de conocimientos.
- Busca cursos para tu desarrollo, al menos cada dos meses. Podría ser contenido gratuito en línea. Es importante estar abierto a nuevas perspectivas y aplicarlas con el equipo.

89. Elogia siempre y corrige de inmediato cuando sea necesario

Elogiar y corregir son dos prácticas de gestión que van de la mano y son fundamentales para crear un entorno de trabajo saludable, motivador y de alto rendimiento. El elogio o refuerzo positivo es una herramienta poderosa para incentivar el compromiso del equipo y la búsqueda de resultados excepcionales.

Cuando un miembro del equipo hace un buen trabajo, reconocer públicamente el esfuerzo y el resultado logrado, fortalece el sentido de valoración y contribuye a construir una cultura de reconocimiento. El elogio público no solo motiva a la persona elogiada a continuar con su buen desempeño, sino que también inspira a los demás miembros del equipo a esforzarse por alcanzar resultados similares.

Sin embargo, el elogio genuino debe ir acompañado de una corrección inmediata cuando sea necesario. Identificar y corregir desviaciones o problemas de manera oportuna es esencial para evitar que pequeños errores se conviertan en obstáculos importantes en el futuro.

La retroalimentación constructiva, proporcionada de manera privada y respetuosa, es una herramienta valiosa para corregir el rumbo y promover mejoras continuas. Por otro lado, las reprimendas públicas pueden ser contraproducentes y perjudiciales para la motivación y el rendimiento del equipo. Incluso, en caso de un error grave, lo ideal es buscar un momento adecuado y abordar la corrección de manera privada.

Además, es importante recordar que, incluso durante la corrección, es fundamental mantener el refuerzo positivo. Al señalar lo que no está yendo bien, también es esencial resaltar los aspectos positivos de la persona o el equipo, enfatizando sus habilidades y valiosas contribuciones. Este enfoque refuerza el sentimiento de apoyo y confianza, creando un entorno propicio para superar desafíos.

Un enfoque equilibrado que incluye el refuerzo positivo, incluso durante situaciones de corrección, puede mejorar la relación entre el líder y el equipo, lo que da como resultado la construcción de un entorno de trabajo orientado hacia la positividad y la productividad.

El equilibrio entre expresar elogios y emitir verificaciones cuando sea necesario desempeña un papel fundamental en el crecimiento individual de cada miembro del equipo y contribuye a consolidar la imagen del líder como alguien que valora tanto la excelencia como el desarrollo.

PRACTICA

89. Elogia siempre y corrige de inmediato cuando sea necesario.

- Crea el hábito de agradecer a los miembros de tu equipo por su desempeño y resultados. Una persona por día o semana.
- Haz un reconocimiento público, en el equipo o empresa, del desempeño y entrega de los empleados.
- Identificando un error o desviación, llama directamente a la persona involucrada para un feedback, reforzando también los aspectos positivos, pero corrigiendo la raíz del problema.
- Al comprobar la mejora del que corrigió, haz un elogio o reconocimiento público.

89

90. Da el ejemplo. Un líder debe ser seguido por lo que es y lo que representa

Ser líder es un rol desafiante que requiere diversas habilidades y hábitos de gestión y relaciones. Ser seguido no solo por la posición que se ocupa, sino principalmente por el ejemplo que se brinda, es una señal de un liderazgo verdaderamente eficaz e inspirador. La capacidad de influenciar positivamente al equipo a través del propio comportamiento y actitudes es una característica distintiva de los líderes más respetados y admirados.

En todos los niveles de liderazgo, desde los más bajos, donde las personas siguen al líder únicamente por su posición y cargo, hasta el más alto, donde las personas siguen al líder por lo que representa, el ejemplo es un factor crítico para establecer una conexión auténtica y significativa con el equipo. No importa el nivel de desarrollo del líder, siempre deberá hacer que sus acciones respalden sus palabras.

Liderar con el ejemplo significa ser la persona que espera que su equipo sea. Cuando el líder se compromete con la excelencia en sus acciones, ya sea en la planificación, ejecución o entrega, está estableciendo un estándar para que el equipo siga. Este estándar crea una cultura de búsqueda de la excelencia, donde todos son alentados a dar lo mejor de sí y a superar desafíos. Además de fomentar la búsqueda de la excelencia, liderar con el ejemplo también aumenta la productividad y la motivación del equipo.

Cuando los miembros del equipo ven a un líder comprometido, dedicado y comprometido, se sienten inspirados a seguir el mismo camino. Esto crea un sentido de propósito y una motivación intrínseca para lograr los objetivos establecidos.

Al dar el ejemplo, el líder también promueve el bienestar del equipo. Después de todo, nadie se siente "explotado" cuando ve que el líder está dispuesto a realizar el mismo trabajo que exige a los demás. Esto genera un sentido de justicia y respeto mutuo, fortaleciendo los lazos entre el líder y el equipo y creando un sentido de unidad en el que todos trabajan juntos hacia objetivos comunes.

Liderar con el ejemplo es una actitud que va más allá de la jerarquía y del estatus formal. Es una cuestión de autenticidad, integridad y coherencia entre las palabras y las acciones. Cuando el líder se esfuerza por ser el ejemplo de todo lo que espera del equipo, gana respeto y admiración genuinos. Este vínculo no solo motiva e inspira, sino que también establece un estándar de excelencia y colaboración que resuena en toda la organización.

PRACTICA

90. Da el ejemplo. Un líder debe ser seguido por lo que es y lo que representa.

NADA MUY POCO POCO MUCHO MÁXIMO

MARCA EL ÍCONO DEL QUE PARTES PARA CONOCER TU PROGRESO

- Antes de exigir a los demás, hazlo tú mismo. Pasa por la experiencia. Cuando saben que has hecho lo mismo en algún momento, el equipo entiende y respeta más la posición de liderazgo, involucrándose más en las actividades y entregas.
- Participa en las actividades junto con el equipo. No solo delegues, ejecuta con ellos.

MENOS "CENTRALIZAR", MÁS "COMPARTIR": HÁBITOS SOBRE DELEGACIÓN DE TAREAS

91. Define y comparte tus objetivos, los del equipo y los de la empresa con todos

Definir y compartir objetivos es un paso fundamental en la construcción de un equipo alineado y eficiente. Antes de comenzar a asignar tareas y responsabilidades, es crucial que todos los miembros del equipo estén conscientes y entiendan claramente cuáles son los objetivos de la empresa en su totalidad, del equipo en particular y también los individuales. Esta alineación proporciona un contexto claro y un propósito compartido, lo cual es esencial para el éxito colectivo.

Al comunicar y compartir los objetivos, estás trazando un mapa que guiará las acciones de cada miembro del equipo. Y no se trata solo de decir cuáles son esas metas, sino de asegurarse de que todos comprendan profundamente el por qué detrás de ellas. Cuando los miembros del equipo entienden la razón por la cual se estableció un objetivo específico, se vuelven más motivados y comprometidos en trabajar en esa dirección.

Con objetivos bien definidos y comunicados, la delegación de tareas se vuelve más efectiva y dirigida. Cada tarea asignada estará vinculada a algo específico, y los miembros del equipo sabrán exactamente, cómo sus contribuciones individuales encajan en el panorama general. Esto no solo mejora la productividad, sino que también estimula la colaboración, ya que todos están trabajando hacia un resultado común.

Además, la definición y el compartimiento de objetivos también promueven la transparencia y la responsabilidad. Cuando

todos están al tanto de las metas y los resultados espera-
dos, es más fácil evaluar el progreso e identificar desafíos.
La rendición de cuentas se vuelve más clara, puesto que cada
miembro del equipo reconoce su contribución para lograr los
parámetros establecidos.

Establecer y compartir objetivos es como trazar un mapa que
guía todo el viaje del equipo. Esto proporciona dirección, motivación y un sentido de propósito que impulsa a todos en la
dirección correcta. Por lo tanto, antes de comenzar a delegar
tareas, asegúrate de que todos comprendan y estén comprometidos con los objetivos que están buscando alcanzar juntos. Esto no solo facilitará la delegación, sino que también
fortalecerá la cohesión del equipo y aumentará la probabilidad
de éxito.

PRACTICA

91. Define y comparte tus objetivos, los del equipo y los de la empresa con todos.

| NADA | MUY POCO | POCO | MUCHO | MÁXIMO |

MARCA EL ÍCONO DEL QUE PARTES PARA CONOCER TU PROGRESO

- Define y comparte los objetivos de la empresa, del equipo y los tuyos propios. Si la empresa no lo hace, determina tú qué dirección debe seguir el equipo.
- Involucra al equipo en la construcción de objetivos. El aporte de todos aumenta el sentido de pertenencia, responsabilidad y compromiso con las actividades.

_____

_____

_____

_____

_____

_____

_____

_____

_____

_____

_____

91

92. Abre espacio para la contribución del equipo. Dudas, propuestas. Haz que participen

Permitir y fomentar la contribución del equipo es un pilar esencial para un entorno de trabajo colaborativo y productivo. Al establecer nuevos proyectos o definir objetivos, es crucial reconocer que la experiencia y el conocimiento colectivo del equipo son activos valiosos que pueden enriquecer y mejorar significativamente el proceso de planificación y ejecución.

Como líder, al dar espacio para la contribución del equipo, demuestras confianza y respeto por la experiencia y perspectivas de cada miembro. Esto no solo eleva el ánimo del equipo, sino que también da como resultado una toma de decisiones más informada y fundamentada.

La participación activa del equipo también promueve un sentido de responsabilidad compartida. Cuando los miembros tienen la oportunidad de contribuir con ideas y sugerencias, se sienten comprometidos con el éxito del proyecto y es más probable que se comprometan con su progreso y resultados. Esto crea un entorno en el que todos están trabajando juntos hacia un objetivo común en lugar de simplemente seguir instrucciones.

Además, al permitir que los miembros del equipo expresen dudas y preocupaciones, estás creando un espacio seguro para la comunicación abierta. Esto es particularmente valioso, ya que muchas veces las dudas de un miembro pueden reflejar las preocupaciones de otros. Resolver estas preocupaciones desde el principio evita malentendidos y posibles obstáculos futuros.

Al incorporar las contribuciones del equipo en la planificación y definición de metas, también estás promoviendo la diversidad de ideas y enfoques. Esto puede llevar a soluciones más innovadoras y creativas, ya que se consideran diferentes perspectivas.

Por lo tanto, al comenzar un nuevo proyecto o período, no veas el proceso como una actividad unilateral. En cambio, considéralo como una oportunidad para aprovechar la sabiduría colectiva y el potencial creativo de tu equipo.

Abrir espacio para la contribución del equipo es un enfoque poderoso para el éxito conjunto, donde cada miembro se convierte en un coautor del viaje y los resultados alcanzados.

92

PRACTICA

92. Abre espacio para la contribución del equipo. Dudas, propuestas. Haz que participen.

NADA · MUY POCO · POCO · MUCHO · MÁXIMO

MARCA EL ÍCONO DEL QUE PARTES PARA CONOCER TU PROGRESO

- Durante el inicio de un proyecto o nueva etapa, crea sesiones de contribución en equipo para definir juntos los siguientes pasos.
- Asegúrate de que todos entiendan lo que se debe hacer. Pregunta individualmente si es necesario.

93. Muestra detalladamente qué y cómo debe entregar los resultados una persona o equipo

Cuando delegamos tareas, es fundamental proporcionar orientaciones detalladas sobre lo que se espera y cómo debe ser entregado. Simplemente presentar una tarea y suponer que se llevará a cabo de acuerdo con nuestras expectativas puede llevar a resultados inesperados e insatisfactorios. Es importante ir más allá y asegurarse de que todos los miembros del equipo comprendan completamente lo que se necesita para alcanzar el objetivo propuesto.

Al comenzar la delegación, no es suficiente mencionar solo la tarea en sí. Es crucial aclarar cada paso del proceso, establecer un camino claro y proporcionar toda la información relevante. El líder debe explicar el contexto de la tarea, las razones por las cuales es importante y cómo encaja en el panorama de los objetivos del equipo y la empresa.

Esta explicación puede incluir la indicación de herramientas específicas que deben utilizarse, plazos de entrega, criterios de calidad, recursos disponibles y cualquier requisito adicional. La comunicación debe ser transparente, clara y estar abierta a preguntas y aclaraciones.

Además, como mencionamos anteriormente, es crucial alentar al equipo a compartir sus ideas y puntos de vista sobre la tarea. Fomentar la participación crea un ambiente colaborativo y permite que los miembros del equipo se sientan valorados, aumentando el sentido de pertenencia al proyecto.

93

El intercambio de ideas también puede llevar a soluciones más creativas y efectivas, ya que las diferentes perspectivas de los miembros del equipo convergen hacia el mismo propósito, pero con la implicación de habilidades individuales y distintas.

Al invertir tiempo y esfuerzo en detallar las expectativas y el camino para alcanzarlas, el líder ahorra tiempo a largo plazo. Un equipo bien informado es más capaz de trabajar con eficiencia y productividad. Esto crea una base sólida para que el equipo se involucre por completo en el trabajo, reduciendo la probabilidad de errores y aumentando las posibilidades de éxito.

La claridad en la comunicación y la comprensión mutua son los pilares para lograr resultados más acertados y efectivos, ahorrando tiempo y energía para todos los involucrados.

PRACTICA

93. Muestra detalladamente qué y cómo debe entregar los resultados una persona o equipo.

NADA   MUY POCO   POCO   MUCHO   MÁXIMO

MARCA EL ÍCONO DEL QUE PARTES PARA CONOCER TU PROGRESO

- Muestra cómo se debe presentar el resultado, el producto, fruto de las actividades.
- Realiza un *briefing* completo, resolviendo todas las posibles dudas y detallando los aspectos a presentar.
- Indica cómo cada uno debe realizar las tareas para evitar desajustes con las expectativas de entrega.

_____

_____

_____

_____

_____

_____

_____

_____

_____

_____

_____

94. Elige a la persona adecuada para la tarea adecuada

Al delegar tareas, un líder eficaz debe actuar como un director de orquesta, identificando cuidadosamente las habilidades y capacidades únicas de cada miembro de su equipo para asignar a la persona adecuada a la tarea adecuada. Esta habilidad de selección minuciosa es esencial para garantizar el mejor rendimiento del equipo y lograr los resultados deseados de manera eficiente.

Antes de asignar cualquier tarea, el líder debe realizar un análisis detenido de las competencias y experiencias de cada miembro del equipo. Esto requiere un conocimiento profundo de los talentos individuales, así como una comprensión clara de los requisitos y la complejidad de cada tarea a ejecutar. Al entender las fortalezas y habilidades de sus colaboradores, el líder puede aprovechar al máximo el potencial de cada uno.

La elección adecuada de las personas para las tareas correctas es como armar un rompecabezas, encajando cada pieza de acuerdo con su forma y color para crear un cuadro completo. Al asignar a un miembro del equipo que tenga experiencia y conocimientos específicos en el área de una tarea, el líder aumenta las probabilidades de éxito y la calidad del trabajo entregado.

Además, asignar tareas alineadas con las habilidades de cada persona también aumenta la motivación y el compromiso de los colaboradores. Cuando las personas sienten que sus habilidades son valoradas y utilizadas de manera significativa, se sienten más conectadas con el trabajo, con un sentido más fuerte de propósito.

Sin embargo, es importante recordar que, incluso al delegar tareas a aquellos que tienen la experiencia necesaria, el líder sigue desempeñando un papel fundamental en el proceso. Debe estar disponible para brindar orientación, aclarar dudas y ofrecer apoyo siempre que sea necesario. La colaboración entre el líder y los miembros del equipo es valioso para lograr resultados de alto nivel.

La elección de la persona adecuada para la tarea adecuada es una habilidad vital para un líder. A través de este enfoque estratégico, el líder puede aprovechar al máximo el potencial de su equipo, crear un entorno de trabajo colaborativo y productivo y lograr resultados excepcionales.

Es una combinación de identificar las habilidades de los miembros del equipo y producir oportunidades para que puedan contribuir con su mejor rendimiento. Con un equipo bien alineado y tareas bien asignadas, el líder está preparando el escenario para el éxito continuo de todos.

94

PRACTICA

94. Elige a la persona adecuada para la tarea adecuada.

NADA   MUY POCO   POCO   MUCHO   MÁXIMO

MARCA EL ÍCONO DEL QUE PARTES PARA CONOCER TU PROGRESO

- Conoce a su equipo a un nivel más profundo mediante la comprensión de tus capacidades.
- Realiza pruebas técnicas y prácticas para evaluar el nivel de cada uno y la necesidad de formación.
- Haz evaluaciones de *soft skills* para identificar a aquellos que pueden manejar mejor las tareas que prosperan bajo estrés y presión.
- Ten mapeado quiénes son los diferentes grupos de empleados alineados con habilidades específicas (técnicas y comportamentales).

95. No microgestiones. Supervisar no significa controlar todo el proceso

Es crucial comprender que liderar no es sinónimo de controlar cada detalle del proceso. La tentación de la microgestión a menudo proviene de una preocupación excesiva, pero este enfoque minucioso puede sofocar la creatividad, la autonomía y el crecimiento del equipo. Delegar tareas no implica simplemente transferir responsabilidades, sino también confiar en la competencia y habilidades de los miembros del equipo.

Al evitar la trampa de la microgestión, un líder está mostrando confianza en su equipo. Reconoce que el equipo fue seleccionado debido a sus habilidades y experiencias, y cree que pueden cumplir con las tareas asignadas.

Esto no solo fortalece la moral del equipo, sino que también permite que los miembros crezcan y se desarrollen, enfrentando desafíos y tomando decisiones por sí mismos con la suficiente autonomía para no retrasar el progreso de las actividades.

Además, la microgestión puede llevar a retrasos en la finalización de las tareas. Cuando un líder intenta controlar todos los aspectos de un proyecto, los procesos pueden atascarse, volviéndose dependientes de la aprobación constante y de la disponibilidad de tiempo del líder para avanzar. En cambio, se debe permitir que el equipo tome decisiones dentro de los parámetros establecidos para agilizar el flujo de trabajo y aumentar la eficiencia.

95

Supervisar no debe ser una demostración de desconfianza, sino una oportunidad para brindar orientación y apoyo cuando sea necesario. Establecer puntos de control periódicos permite que el líder se mantenga informado sobre el progreso, realice ajustes cuando sea necesario y ofrezca apoyo adicional.

Sin embargo, es esencial encontrar un equilibrio entre el seguimiento y permitir que el equipo haga el trabajo con independencia. El punto clave es no tener la necesidad de supervisar cada paso, sino establecer etapas claras y definidas para todos.

La confianza mutua entre el líder y el equipo es un pilar fundamental para el éxito. Al evitar la microgestión, el líder demuestra respeto por las capacidades individuales y crea un entorno que fomenta la creatividad y la innovación. Al delegar con claridad, proporcionar orientación adecuada y permitir la autonomía, el líder está allanando el camino para la excelencia del equipo y el logro de los objetivos organizacionales de manera más armoniosa y productiva.

PRACTICA

95. No microgestiones. Supervisar no significa controlar todo el proceso.

NADA MUY POCO POCO MUCHO MÁXIMO

MARCA EL ÍCONO DEL QUE PARTES PARA CONOCER TU PROGRESO

- Sé claro sobre las etapas, plazos y entregables de cualquier actividad o proyecto.
- Establece puntos de contacto durante la ejecución para verificación, seguimiento y correcciones.
- Ten herramientas de gestión de proyectos para un monitoreo más operativo y basado en datos, no comunicación y presión directa.

95

96. Confía en tu equipo. La inseguridad genera malos resultados

Confiar en tu equipo es un principio fundamental que tiene un impacto profundo en la efectividad de un equipo. Como se mencionó anteriormente, la seguridad del líder juega un papel crucial en el rendimiento general del equipo.

La actitud del líder es contagiosa y moldea la dinámica de sus seguidores. Cuando un líder transmite inseguridad, los miembros del equipo pueden comenzar a cuestionar sus propias capacidades y dudar en sus acciones. Esta incertidumbre puede llevar a un ciclo de dudas e indecisiones, perjudicando la eficiencia y el logro de objetivos.

El miedo a cometer errores es uno de los principales impulsores de la inseguridad. Cuando el líder demuestra intolerancia hacia el error, el equipo puede volverse reacio a asumir riesgos y buscar soluciones innovadoras. Esto no solo limita el potencial de crecimiento del equipo, sino que también produce resultados estancados.

Por otro lado, un líder que confía en su equipo y está dispuesto a aceptar los errores como oportunidades de aprendizaje crea un entorno donde los miembros se sienten alentados a experimentar, explorar nuevas formas y alcanzar nuevos niveles.

Es esencial que un líder confíe no solo en sus propios instintos, sino también en el potencial y las habilidades de cada miembro del equipo. Esto requiere una comprensión profunda de las competencias individuales, fortalezas y áreas de desarrollo de cada miembro. Al asignar tareas de acuerdo con estas características, el líder no solo promueve el crecimiento individual, sino que también optimiza la contribución colectiva al éxito del equipo.

Confiar en el equipo no significa abandonar la orientación y supervisión. Por el contrario, implica proporcionar orientación clara y establecer expectativas, pero también permitir que el equipo lleve a cabo sus tareas con autonomía. El seguimiento constante y excesivo puede socavar la confianza y la iniciativa de los miembros del equipo.

En cambio, el líder puede establecer puntos de control regulares para evaluar el progreso y ofrecer apoyo siempre que sea necesario, demostrando así su confianza en la capacidad del equipo para cumplir.

Esta relación de confianza mutua es un ingrediente esencial para cultivar una cultura de alto rendimiento y lograr resultados excepcionales. El líder que nutre esta confianza no solo permite que su equipo brille, sino que también crea un entorno donde todos puedan crecer, aprender y prosperar.

96

PRACTICA

96. Confía en tu equipo. La inseguridad genera malos resultados.

NADA   MUY POCO   POCO   MUCHO   MÁXIMO

MARCA EL ÍCONO DEL QUE PARTES PARA CONOCER TU PROGRESO

- En primer lugar, permite que todos los miembros del equipo realicen todas las actividades requeridas.
- Establece los criterios y niveles de autonomía permitidos para la toma de decisiones
- Permite que los miembros del equipo tomen decisiones dentro de los parámetros establecidos.
- Estate siempre disponible para apoyar al equipo.

97. Crea *"sprints"* para facilitar la producción y entrega de un proyecto

La implementación es una estrategia altamente efectiva para mejorar la producción y entrega de proyectos. Imagina estos *"sprints"* como mini maratones, donde el equipo se enfoca intensamente en cumplir metas específicas en un período determinado.

Este enfoque tiene sus raíces en las metodologías ágiles y en la gestión de proyectos, especialmente en el framework Scrum, donde se pone énfasis en la colaboración, flexibilidad y resultados tangibles.

Al crear "sprints", divides el proyecto más grande en partes más manejables, estableciendo objetivos claros y medibles para cada período definido. Esto no solo hace que el proceso sea más tangible, sino que también permite que el equipo se concentre en etapas concretas hacia el resultado.

Cada "sprint" se convierte en una oportunidad para que el equipo se dedique a actividades específicas, centrándose en la calidad y la finalización dentro del plazo establecido.

Como líder, juegas un papel fundamental en la creación y coordinación de los "sprints". Esto implica definir qué actividades se abordarán en cada período, asignar responsabilidades claras y garantizar que el equipo tenga los recursos necesarios para alcanzar los objetivos.

97

Al mismo tiempo, es importante que los "sprints" sean realistas en cuanto al tiempo y la complejidad de las tareas, para evitar sobrecargar al equipo y garantizar que el enfoque permanezca en la entrega de calidad.

La implementación exitosa de esta metodología requiere una comunicación efectiva y una colaboración continua. Durante cada período, es crucial mantener al equipo alineado, realizar reuniones de seguimiento y resolver cualquier obstáculo que pueda surgir.

Además, el análisis de los resultados de cada "sprint" ofrece ideas valiosas para ajustar la estrategia, optimizar los procesos y mejorar la eficiencia con el tiempo.

Al adoptar este enfoque, no solo facilitas la producción y entrega de proyectos, sino que también promueves un entorno de trabajo más ágil y adaptable. El equipo se vuelve más receptivo a los cambios, capaz de manejar desafíos imprevistos y enfocado en resultados medibles a corto plazo.

Esta iniciativa no solo impulsa la productividad, sino que también aumenta la satisfacción del equipo al lograr éxitos progresivos y tangibles en el camino.

PRACTICA

97.Crea *"sprints"* para facilitar la producción y entrega de un proyecto.

| NADA | MUY POCO | POCO | MUCHO | MÁXIMO |

MARCA EL ÍCONO DEL QUE PARTES PARA CONOCER TU PROGRESO

- Conoce sobre metodologías de gestión de proyectos, especialmente *"Scrum"* y *"Kanban"*
- Establece "mini proyectos" en proyectos más grandes, es decir, corta algo más grande para lograr logros en un marco de tiempo más corto.
- Aplica *"sprints"* siempre que la entrega de algo requiera varios pasos de ejecución.

97

98. Prepárate para cambiar de dirección. Piensa en el plan "B"

La capacidad de adaptarse y estar preparado para los cambios es una habilidad fundamental para cualquier líder, especialmente al gestionar equipos y proyectos. Al liderar, debes ser consciente de que no siempre el plan original se desarrollará como se había previsto. En este sentido, tener un plan "B" o incluso un plan "C" es una estrategia inteligente para enfrentar posibles obstáculos y situaciones imprevistas.

La idea de tener un plan alternativo no es señal de falta de confianza en el plan original, sino un reconocimiento realista de que pueden surgir circunstancias externas que influyan en el curso de las actividades.

Tener un plan de contingencia significa anticipar posibles desafíos, evaluar riesgos potenciales y definir acciones específicas a tomar en caso de que las cosas no salgan según lo planeado.

Imagina que estás navegando en un barco; incluso con una ruta cuidadosamente trazada, debes estar consciente de los cambios climáticos, las corrientes marítimas y otros factores impredecibles. Tener un plan alternativo puede marcar la diferencia entre enfrentar una tormenta con confianza o ser sorprendido, desprevenido.

Además, la capacidad de tomar decisiones rápidas es crucial al considerar alternativas. Como líder, debes estar dispuesto a evaluar rápidamente la situación, considerar las opciones disponibles y tomar medidas decisivas cuando sea necesario. Esto requiere confiar en tu intuición, experiencia y en la capacidad de tu equipo.

Es importante recordar que tener un plan "B" no se trata solo de cambios adversos, sino también de una optimización continua. A medida que el proyecto avanza, pueden surgir oportunidades para mejoras o ajustes que pueden llevar a resultados aún mejores.

Estar abierto a estos cambios positivos y ser flexible para incorporarlos en tu enfoque demuestra la adaptabilidad y la visión estratégica de un líder eficaz.

Por lo tanto, al liderar, mantente abierto a alternativas, prepárate para cambiar de dirección y ten siempre en mente un plan "B". Esto no solo aumentará la resiliencia de tu equipo ante los desafíos, sino que también te permitirá aprovechar al máximo las oportunidades que surjan en el camino.

98

PRACTICA

98. Prepárate para cambiar de dirección. Piensa en el plan "B".

| NADA | MUY POCO | POCO | MUCHO | MÁXIMO |

MARCA EL ÍCONO DEL QUE PARTES PARA CONOCER TU PROGRESO

- Cada vez que inicia un proyecto, haz un plan que considere hipótesis y variables que inciden en el transcurso del trabajo.
- Una vez que hayas identificado los factores internos o externos que afectan el progreso del proyecto, trata de generar al menos una alternativa para cada factor.

_____

_____

_____

_____

_____

_____

_____

_____

_____

_____

_____

_____

99. Reconoce a quienes lo necesiten. El refuerzo positivo aumenta la productividad

Además de desempeñar el papel de delegar tareas y guiar al equipo, un líder eficaz debe internalizar la idea de que el éxito y el fracaso del grupo son responsabilidades compartidas. Tomar una posición de liderazgo no se trata solo de dar órdenes desde arriba, sino de estar al frente, liderar con el ejemplo y reconocer la importancia de cada miembro. Al otorgar crédito a quienes realmente lo merecen, el líder muestra su gratitud y aprecio por los esfuerzos individuales, creando un entorno propicio para el crecimiento conjunto.

El refuerzo positivo es una herramienta poderosa que el líder puede utilizar para inspirar a su equipo. Al reconocer públicamente los logros y contribuciones significativas de cada miembro, el líder envía un mensaje claro de valoración y motivación.

Esto no solo aumenta la autoestima de aquellos elogiados, sino que también estimula a los demás a esforzarse aún más para lograr resultados excepcionales. La cultura de reconocimiento es un poderoso impulsor de la productividad y la colaboración en el grupo.

Es importante que el líder esté atento a las particularidades de cada miembro del equipo, identificando sus habilidades y esfuerzos individuales. El reconocimiento genuino debe ser específico y basado en hechos concretos, transmitiendo a los miembros que el líder está atento y valora el trabajo que cada uno realiza.

99

Además, el *feedback* constructivo es igualmente esencial. El líder debe tener la sensibilidad de brindar orientación clara para el crecimiento y desarrollo continuo de sus seguidores.

El refuerzo positivo no solo eleva la moral del equipo, sino que también fortalece el sentido de unidad y propósito. Cuando los miembros presencian el reconocimiento de los esfuerzos mutuos, se sienten parte de un conjunto comprometido con el éxito conjunto. El reconocimiento es bidireccional, ya que el equipo también está más inclinado a valorar los logros del líder y a respetarlo como una figura inspiradora y orientadora.

Un líder que reconoce y valora las contribuciones individuales está estableciendo las bases para un equipo más comprometido, colaborativo y centrado en los resultados. El éxito del equipo es el resultado de la suma de los talentos individuales, y el líder que sabe reconocer y recompensar estos talentos está invirtiendo en el crecimiento de todos y en el éxito colectivo.

PRACTICA

99. Reconoce a quienes lo necesiten. El refuerzo positivo aumenta la productividad.

NADA   MUY POCO   POCO   MUCHO   MÁXIMO

MARCA EL ÍCONO DEL QUE PARTES PARA CONOCER TU PROGRESO

- Habla en nombre del equipo. Reconocer públicamente las contribuciones individuales para un resultado, aunque sea colectivo.
- El incentivo aumenta la motivación y el compromiso de los empleados. Refuerza las actitudes positivas.
- No asumas la responsabilidad del éxito solo, valora a cada miembro participante.

100. Sé también un ejecutor. Manos a la obra, no solo delegues todo al equipo

La verdadera esencia de un líder va más allá de delegar tareas y tomar decisiones estratégicas. Un líder eficaz también es aquel que se involucra activamente en la ejecución de las actividades, que pone "las manos en la masa" cuando es necesario.

A medida que un líder avanza en su trayectoria de liderazgo, sus funciones pueden evolucionar, pero esto no significa desconectarse de las operaciones fundamentales. Por el contrario, mantener un nivel práctico de involucramiento es crucial para un liderazgo auténtico y eficaz.

Al permanecer involucrado en las actividades diarias, el líder mantiene una comprensión realista de las operaciones y los desafíos a los que se enfrenta el equipo. Esto no solo demuestra empatía y solidaridad, sino que también proporciona una perspectiva precisa sobre lo que está funcionando bien y dónde pueden surgir obstáculos.

El líder que trabaja codo a codo con su equipo obtiene una visión holística de las operaciones, lo que le permite tomar decisiones más informadas y estratégicas.

Sin embargo, la idea de "poner las manos en la masa" no significa que el líder deba sumergirse en detalles operativos ni realizar una microgestión de cada tarea. En su lugar, implica involucrarse de manera estratégica, centrándose en actividades clave que requieren su orientación y experiencia.

Esto puede implicar liderar proyectos especiales, brindar apoyo en momentos críticos o colaborar en iniciativas estratégicas. El objetivo es ser un miembro activo del equipo, contribuyendo al éxito colectivo.

Al mantenerse involucrado en las operaciones, el líder también refuerza una cultura de trabajo colaborativo y comprometido. Los miembros del equipo se sienten valorados e inspirados por un líder dispuesto a trabajar junto a ellos, enfrentar desafíos juntos y compartir experiencias. Esto crea un sentido de unidad y camaradería, que a su vez impulsa la motivación y la productividad.

Además, el enfoque de "poner las manos en la masa" permite que el líder sea un modelo a seguir para su equipo. Al demostrar dedicación, diligencia y pasión por el trabajo, el líder inspira a los demás a esforzarse de la misma manera.

Esto crea una cultura de excelencia y compromiso, donde todos se sienten alentados a contribuir plenamente a los objetivos del equipo. El líder que trabaja junto a su equipo cosecha los frutos de una cultura de colaboración, aprendizaje continuo y éxito compartido.

PRACTICA

100. Sé también un ejecutor. Manos a la obra, no solo delegues todo al equipo.

NADA **MUY POCO** **POCO** **MUCHO** **MÁXIMO**

MARCA EL ÍCONO DEL QUE PARTES PARA CONOCER TU PROGRESO

- No seas un líder que solo ordena hacer a los demás. También ejecuta parte del proyecto, aunque se trate de una presentación detallada de cada paso, cómo se deben realizar y presentar los resultados.
- Muéstrale al equipo que estás trabajando con ellos. Eso no es solo esperar la entrega de resultados. Involucrarse durante el proceso.

Contenido

Made in the USA
Coppell, TX
15 November 2023